"十三五"国家重点出版物出版规划项目

 转型时代的中国财经战略论丛

制药企业估值约束研究：
竞争、研发与专利保护

葛 锐 著

中国财经出版传媒集团

经济科学出版社
Economic Science Press

图书在版编目（CIP）数据

制药企业估值约束研究：竞争、研发与专利保护/
葛锐著 .—北京：经济科学出版社，2018.12
（转型时代的中国财经战略论丛）
ISBN 978 - 7 - 5218 - 0152 - 1

Ⅰ.①制⋯　Ⅱ.①葛⋯　Ⅲ.①制药工业 - 工业
企业 - 估价 - 研究 - 中国　Ⅳ.①F426.77

中国版本图书馆 CIP 数据核字（2019）第 011846 号

责任编辑：于海汛　李　林
责任校对：靳玉环
责任印制：李　鹏

制药企业估值约束研究：竞争、研发与专利保护
葛　锐　著
经济科学出版社出版、发行　新华书店经销
社址：北京市海淀区阜成路甲 28 号　邮编：100142
总编部电话：010 - 88191217　发行部电话：010 - 88191522
网址：www. esp. com. cn
电子邮件：esp@ esp. com. cn
天猫网店：经济科学出版社旗舰店
网址：http://jjkxcbs. tmall. com
北京季蜂印刷有限公司印装
710×1000　16 开　11.75 印张　180000 字
2019 年 1 月第 1 版　2019 年 1 月第 1 次印刷
ISBN 978 - 7 - 5218 - 0152 - 1　定价：42.00 元
（图书出现印装问题，本社负责调换。电话：010 - 88191510）
（版权所有　侵权必究　打击盗版　举报热线：010 - 88191661
QQ：2242791300　营销中心电话：010 - 88191537
电子邮箱：dbts@ esp. com. cn）

总　序

　　山东财经大学《转型时代的中国财经战略论丛》（以下简称《论丛》）系列学术专著是"'十三五'国家重点出版物出版规划项目"，是山东财经大学与经济科学出版社合作推出的系列学术专著。

　　山东财经大学是一所办学历史悠久、办学规模较大、办学特色鲜明，以经济学科和管理学科为主，兼有文学、法学、理学、工学、教育学、艺术学八大学科门类，在国内外具有较高声誉和知名度的财经类大学。学校于 2011 年 7 月 4 日由原山东经济学院和原山东财政学院合并组建而成，2012 年 6 月 9 日正式揭牌。2012 年 8 月 23 日，财政部、教育部、山东省人民政府在济南签署了共同建设山东财经大学的协议。2013 年 7 月，经国务院学位委员会批准，学校获得博士学位授予权。2013 年 12 月，学校入选山东省"省部共建人才培养特色名校立项建设单位"。

　　党的十九大以来，学校科研整体水平得到较大跃升，教师从事科学研究的能动性显著增强，科研体制机制改革更加深入。近三年来，全校共获批国家级项目 103 项，教育部及其他省部级课题 311 项。学校参与了国家级协同创新平台中国财政发展 2011 协同创新中心、中国会计发展 2011 协同创新中心，承担建设各类省部级以上平台 29 个。学校高度重视服务地方经济社会发展，立足山东、面向全国，主动对接"一带一路"、新旧动能转换、乡村振兴等国家及区域重大发展战略，建立和完善科研科技创新体系，通过政产学研用的创新合作，以政府、企业和区域经济发展需求为导向，采取多种形式，充分发挥专业学科和人才优势为政府和地方经济社会建设服务，每年签订横向委托项目 100 余项。学校的发展为教师从事科学研究提供了广阔的平台，创造了良好的学术生态。

　　习近平总书记在全国教育大会上的重要讲话，从党和国家事业发展全局的战略高度，对新时代教育工作进行了全面、系统、深入的阐述和部署，为我们的科研工作提供了根本遵循和行动指南。习近平总书记在庆祝改革开放 40 周年大会上的重要讲话，发出了新时代改革开放再出发的宣言书和动员令，更是对高校的发展提出了新的目标要求。在此背景下，《论丛》集中反映了我校学术前沿水平、体现相关领域高水准的创新成果，《论丛》的出版能够更好地服务我校一流学科建设，展现我校"特色名校工程"建设成效和进展。同时，《论丛》的出版也有助于鼓励我校广大教师潜心治学，扎实研究，充分发挥优秀成果和优秀人才的示范引领作用，推进学科体系、学术观点、科研方法创新，推动我校科学研究事业进一步繁荣发展。

　　伴随着中国经济改革和发展的进程，我们期待着山东财经大学有更多更好的学术成果问世。

山东财经大学校长

2018 年 12 月 28 日

前　言

1. 研究背景

健康是一项基本人权，获得卫生保健、包括获得基本药物，则是实现这一基本权利的先决条件。药物政策问题在卫生保健和经济领域两个方面都很重要，然而目前仍然普遍存在着可获得性缺乏、劣质药和不合理使用的问题。许多国家的经验表明这些复杂和相互依赖的问题能够在一个共同框架下得到很好的解决，即制订并实施一个综合的国家药物政策（National Drug Policy，NDP）。

2. 研究目的

药物政策的形成应始终面向所有利益相关的部门、机构和个人，并与之进行协商、咨询、对话和谈判。制药业在国家药物政策研究与制订中扮演着重要角色，因此，有必要选择从制药产业资本增值的视角进行药物政策研究，即：以制药业为行业切入点，以制药企业作为研究对象，研究产业分析框架下影响制药企业价值形成的微观机制，探寻其对国家药物政策制订与实施的具体作用。

3. 研究意义

（1）把握资本诉求，有效制订药物政策：药物问题关系到人类健康与公平，国家药物政策的主要目标是使药物领域更有效，更符合成本——效益原则，并能响应卫生需求，实现基本医疗的公平性。但资本投资于制药业，生产和推销药物不是为了治病，而是为了增值和效率。道德和伦理在资本逐利的本性面前是虚弱的，因为利益是多样化的，所涉及的问题往往有经济上的重要性，所以就可能在药物政策的实施过程中出现利用、反对或试图改变政策的行为。放任资本自由发展会导致市场失灵，而不合适的管制也会带来效率损失，所以，作为政策制订者应当"预期对手立场的变化，明确战略，使他们参与进来，赢得他们的支持。"即：只有把握资本的需求，在制订药物政策时才会更有针对性和取得想要的效果。

（2）引导资本投资，促进制药业发展：国家药物政策要依据国家现实状况以及未来发展要求而行。国家药物政策虽然是为实现卫生保健公平而制订，但同时也涵盖了提高效率的经济目标，即在维持良好的药物供应保障体系的同时，提高制药业生产与创新能力，促进国家制药业发展。我国制药业仍处于发展阶段，尤其是创新环节缺少资本参与，这是目前必须尽快解决的问题。从根本上说必须建立起能够让资本进得来、出得去、赚得着、有效传承的流动机制。探讨药物政策与制药业间的互动关系，把握制药企业价值形成机制，则是保证这种机制有效运行的基础性工作。只有把握不同药物政策下制药企业价值形成的微观机制，对企业价值有一个客观公允的评估，才能有效吸引资本进入，推动制药业和企业发展。

4. 研究方法

（1）定性分析与定量分析相结合。

本书将论证说明建立在对数据和事实定性分析的基础之上，在分析过程中，主要通过数学模型的推导和论证来描述和揭示变量之间的关系，得出相应的结论，然后通过计量方法来进行实证检验，得出相应的观点，在此基础上对制药企业与国家药物政策的相关问题进行分析、解释甚至预测。在具体的实证方法上主要是采用了事件研究法，检验国家药物政策从制订到颁布实施过程中资本市场的异常收益率。

（2）历史演进与制度变迁相结合。

在制药行业背景下对于制药企业价值的认识和研究必须从行业发展的历史演变中去把握，对制药行业发展的演变过程及现状进行分析，勾勒出其演变的一般规律，得出演变结果的必然性。制度变迁是与经济环境变化相适应的结果，理论是在经济现实问题中总结提炼而来，并用于解释经济现象、指导经济现实乃至预测经济未来，因此，必须对理论的演进过程及动态发展的经济现实进行对应分析，将研究建立在历史基础和现实逻辑之上，才能使研究在理论上前后一致，保持承袭。

（3）多学科交叉的研究方法。

本研究的分析框架表明，制药企业价值和国家药物政策研究不可避免地涉及较多的学科，需要多学科的综合。首先要涉及国家药物政策的相关理论，其次要涉及产业组织的相关理论、分析范式及研究方法；再次，还要涉及企业理论和价值理论，以及财务理论、公共政策研究等；最后，还要涉及制药业行业发展与制度变迁的相关理论以及卫生经济学和药物经济学的研究范畴。因此，本书的研究必然要采用多学科交叉综合的研究方法。

（4）以实践为导向的研究方法。

本研究的选题目的是从产业资本视角展开国家药物政策研究，在此研究基础上，有两个重要的实践导向，一是国家药物政策的制订与实施，二是制药产业资本投融资指导，因此是典型的以实践为导向的研究。在这样一个导向下，综合多学科的知识，分别从行业层面、企业层面和制度层面探讨国家药物政策和制药业企业价值相互影响的一般规律，最后上升到理论层面，以更好地指导实践。

5. 研究结论

主要研究结论如下：

（1）市场价值不同于道德或者伦理价值，当我们致力于研究国家药物政策时，应当清醒地意识到，尽管从总体目标来看国家药物政策本身充满了社会认可的公平性以及伦理道德的基本观念，但是，其实际的制订与实施很可能是一次又一次的利益博弈，不同的利益群体所认可的价值存在着根本性的差异，而这些都是我们在研究中应当予以考虑的。作为一种制度安排，国家药物政策的制订及其实施必定涉及经济利益，必定无法绕开经济利益的分配与再分配。制药企业是经济利益最主要的关联方，对于制药企业而言，国家药物政策中的经济目标和可能引致的经济后果是其所唯一关注的，并在国家药物政策从制订到实施的不同层级中寻求最大化其经济利益的可能。

（2）从产业层面来看，相对于市场垄断，一个自由竞争的市场机制可能更有利于药物政策的制订和实施，但是，为了保证公共利益，其苛刻并且是必要的条款往往导致市场法则发挥作用，优胜劣汰，最终将市场集中于为数不多的、但也必然是整体能力强大的制药企业中，由此也使这样一些制药企业成为影响药物政策进一步顺利制订和实施的重要利益集团。对于制药产业资本而言，一个集中度较高的市场将会吸引更多资本进入，制药产业资本希望有一个垄断的结果，以获取更高的收

3

益。从发展一国制药业的角度来看，为了吸引资本进入，发展本国的制药业，提高医药供给能力和国际竞争力，主要通过非经济手段（如质量安全条款），并且在某些情况下不排除使用经济手段（以优惠的税收政策或财政补贴保护民族产业）鼓励适度的市场垄断，也是有必要的。

（3）从企业层面来看，研发创新能力是企业外部价值内化为企业实力的表现，制药业的研发主体应当是制药企业。政府的主要作用在于，引导产—学—研和政府的多方合作，通过不断完善卫生保健体系和信息传播机制，深化制药领域的市场机制改革，不断完善各种配套制度，创造长期稳定、持续发挥作用、循序渐进和与创新过程相适应的制度环境，在达到公共健康目标的同时，消除或减弱影响企业研发创新的负面因素，让制药企业意识到研发创新对于保持企业核心竞争力、不断提升企业价值具有重要意义，并有动力从事研发创新活动。

（4）从制度层面来看，药物专利保护作为一项重要的知识产权保护内容能够有效地激励科技创新，从其本质来看，专利政策的设计目的并不构成药物可及性的障碍，恰恰相反，在一个合理的专利制度体系下，会不断促进药物研发创新、治愈各种疾病，改善人类生活质量。然而，产业资本在寻求其利益最大化的过程中，以企业为载体，明确界定了专利收益的产权边界，导致了产业资本诉求与公共健康问题无法避免的利益冲突。尤其是对于发展中国家和不发达国家，专利保护对于药物可及性的影响十分明显，两者的冲突只能进一步协调而不可能完全消失。国家药物政策的一个重要作用就是通过协调机制增强专利体制下的药物可及性。

（5）国家药物政策制订与实施的基本立足点是公平和公正，但其同时会产生经济后果。虽然我们无法确切了解制药企业针对国家药物政策所做出的具体反应行为是什么，但是我们能够通过其在资本市场上的表现进行推断。因此，不论是研究者还是决策者都必须清楚地意识到，国家药物政策制订与实施的过程中必须考虑资本诉求，不能因其与公平性相悖而讳谈。既然资本增值问题始终无法回避，那么与其硬性规制其诉求，不如从产业层面、企业层面和制度层面合理引导，使之能与公平和公正的目标相和谐。在这个问题上，必须彻底摒弃人为分割公共政策和产业政策的做法，建立一种对话机制，着力构建协调社会目标和经济目标的国家药物政策。

6. 主要的创新点

（1）理论界和实务界普遍认可以下观点，即：国家药物政策的制订与实施是一个多边协调的政治过程。对此，本研究在利益相关者的分析框架下，从经济利益驱动的制度变迁视角予以分析，尤其关注了制药企业价值诉求与国家药物政策之间的冲突与协调。认为国家药物政策的制订与实施应沿着社会目标与经济目标相协调的路径，在跨部门、跨领域的视域内展开，立足全局。这种基于伦理学和经济学相协调的机制将为其他公共政策和产业政策展现更为开阔的研究视角。

（2）提出并分析了国家药物政策研究、制订与实施过程中，制药企业为了实现资本增值而实施的具体行为，在公共政策的研究中，结合产业组织理论和企业价值评估理论，沿着资本的增值路径，分析行业市场行为，并回到资本市场验证，分别研究产业层面、企业层面和制度层面下影响制药企业价值形成的微观机制，进而分析国家药物政策的实际取向。

（3）首次在国家药物政策研究中引入事件研究法（Event Study Methodology），利用资本市场数据，分析和检验了国家药物政策对资本市场的影响和产业资本对国家药物政策的反应，研究表明国家药物政策存在经济后果。

目　录

第1章 绪 论

1.1 研 究 背 景

没有哪个产业能够比制药业更加无比矛盾地体现着追逐私利与满足公益之间的冲突:这在其他领域可能是比较容易区分立场的问题,在制药业却是错综复杂地交织在一起。制药业在研发上取得的大量成果在世界范围内广泛销售,改善了人类的生活质量,并在很大程度上延长了生命。与此同时,对于药物的定价和营销等问题也一直存在着广泛的批评,这些批评甚至延伸到制药业的研发领域。这些批评主要是源于制药业一贯的高利润和在研发以及营销上的高昂支出。就患者而言,在药物上的巨大支出,导致了对这个产业的不满。

1978 年,世界卫生组织(WHO)和联合国儿童基金会(UNICEF)有感于世界范围内健康上的不公平现象,认为有必要采取全球性行动,在苏联阿拉木图(Alma – Ata)召开大会,会议形成的《阿拉木图宣言》(Alma – Ata Declaration)中提出:健康是一项基本人权。获得卫生保健、包括获得基本药物,则是实现这一基本权利的先决条件。药物政策问题举足轻重,在很多国家,药物花费在全部卫生保健支出中占了很高比重,有些国家这一比重甚至高达 40% 。此外,很多经济事实和数据表明,制药业在解决药物供应问题的同时,还创造了大量税收、就业机会等。因此,药物政策问题在卫生保健和经济领域两个方面都很重要,不过目前仍然普遍存在着可获得性缺乏、劣质药和不合理使用的问题。

(1)药物的可获得性缺乏:世界卫生组织(WTO)认为,大约有超过 1/3 的人口在基本药物的获取方面存在障碍；如果把这个问题放到较为贫穷的亚洲部分地区和更为贫穷的非洲地区，那么，这一数字甚至可能高达 50%。而更"意味深长"的却是以下经济现实：全世界的制药业在过去几十年间飞速发展、药物市场上不断涌现出新的产品、数量更多质量更好的各种药物涌入市场、在各种药物上的费用支出保持高速上涨，持续地为制药业创造经济收益。

（2）劣质药和假药充斥市场：在国内外的市场上，都广泛地、或明或暗地存在着劣质药。这里的劣质药不仅仅指的是质量上的低劣，同时也包括了假药、过期药等。劣质药，在很多国家和地区，甚至可以用"充斥"和"泛滥"来形容。对于一个卫生服务体系完善的国家而言，最基本的应建立起相对完善的药物质量保障体系，包括基础硬软件建设、充足的资源和技术手段、健全的法律法规以及严格地执行和监督检查。经验和事实表明，以上任何一个要素都是不可或缺的，否则就说明这个体系中存在漏洞，最终使得市场中出现越来越多的劣质药，甚至将质量合格的药物"挤出"市场。

（3）药物的不合理使用：在几乎所有的国家和地区都存在用药不合理的情况，越是不发达的地区，这种情况就越严重。这种不合理使用包括不按照疾病的情况购买、使用药物的风险不明或者不必要（比如抗生素的滥用在我国已经是一个非常严重的问题）、不按照医嘱或剂量使用（不足或过度，后者尤甚）或者滥用无意义的药物（比如各种以保健品的形式出现的药物，我国保健品的使用情况不亚于抗生素的使用）等。药物滥用行为可能拖延或加重病情，同时增加了医疗支出，在给公众带来健康问题的同时，也带来经济上的沉重负担，并且给国家卫生服务体系造成严重影响。

虽然现代医疗技术和制药研发创新都在不断解决各种疾病上的问题，并且世界各国也在持续寻找各种办法和制订政策，但不得不遗憾地指出，前述问题仍会在很长一段时期内困扰着人类，同时，随着经济和社会的发展也会衍生新的困扰：比如社会老龄化、药物需求的变化、出现新疾病等。许多国家的经验表明这些复杂和相互依赖的问题能够在一个共同框架下得到很好的解决，即制订并实施一个综合的国家药物政策（national drug policy，NDP）。

1.2 研究问题的提出

1.2.1 国家药物政策：一个利益相关者的分析框架

国家药物政策的制订与实施应保证药物是以质量安全的方式生产和销售，有助于公众普遍公平地获取基本药物，并以合理的方式使用药物，以促进这一领域的健康和可持续发展。同所有的其他政策一样，国家药物政策的制订与实施并不是一个架空的过程，而是需要和公共卫生政策、卫生服务体系以及医疗体制改革框架相匹配的。这一过程中的很多问题必定涉及不同的部门和领域，也就意味着在药物政策的具体内容上不可避免地牵扯很多利益相关者，而不只是限于患者、厂商和医院这么简单（或者，其实就这三者而言，也并不是那么简单）。不难理解，在最终解决许多药物政策问题之前，都需要充分了解和分析这些利益相关者的立场、反应和态度。基于此，本研究认为关于国家药物政策的制订与实施应首先建立在利益相关者框架内，在这样的一个框架下，得以认识本研究主要的关注点——药物政策制订和实施与制药企业的估值约束之间究竟是怎样的关系。

"利益相关者"（stakeholder）是一个在管理学中应用已久的表述，它原意是指特定的组织成员以外、与组织存在利益关联的群体，组织的决策与行动会对这些群体产生，并作出反应。在本研究中利益相关者指的是在国家药物政策制订与实施的过程中，受到影响并作出反应的那些群体。这些利益相关者群体主要指的是管制者（政府的药物监督管理部门）、生产者（如制药企业，作为一个整体则是制药业）、支付方（各种医疗保险的提供者）、消费者（患者，后文中不再做区别）、处方者（医生，作为一个整体则是指医院）、调配者（药剂师）以及各种其他组织（如媒体）或个人等。

显然，各方利益相关者因立场迥异而会产生利益上的冲突，他们的立场、反应和态度就形成了在决定药物政策相关问题时必须予以考虑的要点。很难相信，利益相关者会有全都一致的利益偏好，如果再考虑到不同群体在各自的影响力上千差万别，那么，如何协调与平衡他们的利益才是药物政策制订和实施过程中首要考虑的问题——并且这种平衡有时候也并不是简单的零和博弈。

这些利益相关者之间会存在争论、矛盾和冲突，例如，药物政策目标与制药厂商的直接目标时常会发生冲突，这是国家卫生政策与工业及贸易政策矛盾的焦点。一个典型的例子就是关于基本药物制度的认识问题：国际制药厂商及协会联合会（International Federation of Pharmaceutical Manufacturers and Associations，IFPMA）就曾提出，基本药物政策将导致次优的治疗服务，可能降低健康水平，基本药物政策妨碍了卫生服务的有效提供和药物的研发投入，因而反对把基本药物政策引入到私立部门和发达国家。IFPMA 的立场合乎情理的，因为药物生产者通常特别关注其商业利益是否受到威胁，而且并不是仅有药物生产者才会有此反应，任何既定状态下的受益者们都会担心下一步的改变是否导致其利益受损，对他们而言，如果可以改变，至少也得是一种帕累托改进才行，所以药物政策的制订和实施过程是一个挑战，是一个复杂的"政治协商"过程。当前药物政策需要改进与完善的越多，那么面向所有利益相关者的研究和讨论也就越重要。

在这些利益相关者中，本研究主要关注的是药物生产者，即制药企业。药物生产（供应）者——制药厂商是国家药物政策所有利益相关者中至关重要的一个：其一，从医疗卫生服务提供的角度来讲，需要制药业参与建设和完善国家药物供应体系，具有重要的社会意义；其二，制药业创造了大量经济财富，能够增加国家的税收和财政收入，同时还创造了大量就业岗位，具有重要的经济意义。从国家层面来看，既要通过制订和实施相应的政策改善国民健康水平，又要对药物费用增长进行控制，同时还要允许制药产业资本寻求投资回报，以激励其持续稳定地投入，为制药业的持续发展输送动力，这是国家药物政策在制订与实施过程中需要反复衡量的内容。因此，基于利益相关者的分析框架，选择制药业作为主要研究对象和切入点来分析国家药物政策的理由是无须赘言的。

1.2.2 基于制药业的研究视角: 必要性分析

1. 经济现实——制药业的经济地位举足轻重

制药业的发展潜力（尤其是经济上）得到投资者的普遍认可，同时这种认可也体现在不同国家的产业发展战略布局中。来自资本市场的交易数据表明，宏观经济波动对制药业的影响，总体上小于对其他产业的影响，这一产业的股票经常表现出较强的收益能力和流动性，是很好的防御性投资品种。IMS Health 在 2013 年和 2014 年发布的全球医药市场预测报告中指出: 到 2016 年，全球医药市场的销售总量将增长到 1.2万亿美元，年复合平均增长率会保持在 3%～6%；到 2018 年，全球医药支出预计达到近 1.3 万亿美元，年复合增长率为 4%～7%。在相对比较成熟的市场中，复合年增长率为 1%～4%，新兴医药市场则以12%～15% 的复合年增长率带动全球医药市场增长。中国作为新兴市场中唯一的一级市场，复合增长率领将达到 15%～18%。在早期两个阶段（分别是 2007～2011 年和 2012～2016 年）的分析中，IMS Health 预测全球医药市场的总份额为 8250 亿美元，新兴市场对全球医药市场的增长贡献率为 43%，而目前最新的分析预测，这一数字已经达到 68%，并且占市场份额比重也将会达到 31%，基本与美国持平。

全球制药业未来仍会持续增长，其原因包括但不限于以下方面:

（1）药物为提高公众生活质量发挥着重要作用。这是一个最根本性的原因。有时是为了更健康的体质，但更多的则是为了缓解病痛所造成的身体和精神上的各种痛苦，人们必须选择使用各种药物，并且很多情况下，购买药物的实际支出在可支配收入中所占比重逐步提高。其余经济上的支出已经不构成首要考虑的因素，对于药物的需求几乎是刚性的由此可能会产生严重的经济负担。

（2）持续的人口老龄化。统计数据表明，2012 年，全球 60 岁以上人口有 3.1 亿人，占全球人口的 11.5%，10 年以内这个数字将达到 10亿，到 2050 年将达到 20 亿，占全球人口的 22%。人口老龄化迅速发展，健康老龄化的观念也日益受到国际社会的关注，健康老龄化意味着个体在进入老年期时，不管是在生理上还是在心理上都仍然可以保持良好的状态。所以，健康老龄化不应当是一个由药物"堆积"起来的概念，但也不得不承认，在药物和医疗服务上的费用支出必定会伴随着人口老龄化而持续上涨。

（3）市场化的公共卫生资源配置。越来越多的国家选择通过市场来优化配置医疗卫生资源，鼓励多种资本形式参与卫生保健领域内的自由竞争和创新，从而使患者能够得到更高质量的服务①。各种资本在制药业内的这种竞争一方面能够为患者提供质量更好、疗效更好的药物，另一方面则通过市场机制的调节使得整个产业内完成优胜劣汰，逐步发展壮大。

（4）日益重要的知识产权保护。如果不是专利制度的保护，研究者会失去进一步研发创新的动力，这会令制药业的核心能力逐渐退化，人类将无法面对很多新出现的新疾病，进而使公共健康体系彻底崩溃。令人欣慰的是，尽管在药物领域的专利行为仍然是存在一些争议的，并且昂贵的专利保护行为降低了一部分社会福利，但是，相对专利保护提高的社会福利水平而言还是值得的。目前已经达成的相关共识很好地保证了研发者的利益，有效地激励了研发行为，从而保证了在人类健康领域中的诸多问题不断找到新的解决方案，同时也不断促进行业进步。

（5）严格执行的药物政策和实施有效的管理。这意味着为了提供更好的药物，维持健康的人群，在药物监管领域有着严格有效的政策支持。这不但保证药物能够在严格监管下合理使用，以起到维护公共健康的作用，并且在这些严苛的质量条款和管理政策敦促下，能够保证药物的供应和质量，淘汰发展能力弱的制药企业，进一步拓展优质企业的生存和发展空间，对发展强大整个制药业起到关键作用。

（6）经济的持续发展和产业资本的稳定支持。虽然在资本市场上制药业属于具有"防御性"特点的投资领域，但是，从长期来看，制药业也是与整个经济发展趋势保持一致的。只有经济不断发展，居民收入水平不断提高，才会在药物消费领域保持稳定增长的市场力量。同时，只有经济不断发展，才会累积更多的产业资本，持续地投入制药业，使医学和生物科学领域的新知识、新信息和新发现转化为生产力，

---

① 市场化会影响医疗服务的可及性以及卫生事业的宏观目标，但从效率的角度来说，市场化是有利的，但这也并不是表明本研究在整个卫生体制改革中持有完全市场化的立场，而只是考虑到本研究主要针对制药业，应主要从市场的角度来考虑。

为公众提供更加有效、安全和低成本的药物。

（7）国家和地方政府的长期支持。考虑到制药业在国家经济发展和公共卫生保健两个领域内的突出作用，世界上大多国家都采取了积极的政策，鼓励本地制药业成长和繁荣。这种鼓励既包括国家在药物生产、管理、销售、使用和监管等方面的各种政策，也包括直接影响产业发展的各种财政政策、税收政策等，以及上下游相关产业和领域的各种政策与制度建设。早在 2005 年，我国就已经发布《国家中长期科学和技术发展规划纲要（2006～2020）》，对于我国的医药行业给出了明确的指导性战略。这表明国家将在未来一段时期内的创新体系建设中对我国的医药行业进行全方位地扶持。

2. 制度变迁——制药业关乎金钱抑或关乎生命

制度变迁是指新制度（或新制度结构）产生，并否定、扬弃或改变旧制度（或旧制度结构）的过程，理论上是一种比原来的制度体系更具有效率的改进和演化。我国在过去十多年间一直推行的全民医疗卫生体制改革就是这样一个动态的、强制性变迁过程。

在过去的十多年间，我国医疗卫生体制改革主要走的是近乎于商业化、市场化走向的体制变革。考虑到市场配置资源本身的效率，这样的制度变迁方式所带来的成效也是显著的，通过竞争以及民间资本的广泛加入，全面提高了我国在医药卫生领域的供给能力。产权结构、管理体制等方面的变革和多角度、深层次的竞争，明显地改善了原有的落后水平，提高了运转效率。考虑到药物的商品属性，我国制药业的生产和销售的市场化启动更早。从 20 世纪 80 年代初开始，我国的制药企业便逐渐开始实行经济责任制，由原有的国有医药生产企业逐步转变为独立的经济利益主体，从以前计划生产为主逐步转为以市场调节为主，从全面公有制逐步转向多种所有制形式共同参与。总体来看，这些转变有利于制药业的发展，同时也有利于我国医疗卫生体制改革的全面深化。

但是，市场化选择本身由于过于追逐效率，这种体制上的变化本身也会带来一些消极影响。在医疗卫生服务领域主要表现为医疗服务的公平性缺失和卫生投入的效率低下，考虑到我国医改问题的错综复杂，本研究无意在此做深入讨论，反映在药物问题上的突出矛盾主要体现在资本的牟利动机与患者的经济能力上。经济事实和研究数据都表明，药物费用是卫生服务支出中增长最快的，在整个卫生保健支出中占了非常大的比例。用于药物的高额支出及其增长严重降低了低收入者群体的生活质量。玛西娅·安吉尔（Marcia Angell，2004）非常尖锐地指出："制药业在一开始确乎存有崇高的目标，即为公众研究和生产出有效的药物，但是，二十多年过去了，制药业正在慢慢走向一条与其初衷完全相悖的道路。它热衷于药物营销，然而那些产品的功效不免令人心生怀疑……制药业关心的到底是什么，金钱还是生命呢？"这给我们以启示，医疗卫生体制改革还应当拓展和延伸到制药业中去，将与制药业有关联的组织、群体和个人都纳入全局范围内考虑。必须明确，国家药物政策的制订与实施应对制药业在经济利益上形成一种约束，不能使其仅注意到经济目标、追逐利润，忽视了这一领域的公平性，但这也并不一定意味着违背政府不干预市场的原则。

3. 理论逻辑——药物政策的很多关键问题与制药业密切相关

公平性构建起了医疗卫生服务的基石，沿着道德和伦理的路径寻求相关问题的答案或对策，与一般消费品不同，大部分的医疗卫生服务本身是一种公共品或准公共品，会与市场化的资源配置方式存在矛盾。公平性的缺失必然导致社会与经济消极的后果，可能会带来公众不满情绪增加和群体间关系失衡等一系列社会问题，进一步影响到社会的其他领域以及经济发展，危及社会的稳定以及公众对改革的支持。因此，在这样的背景下讨论关于资本的效率问题就会显得突兀。在这一问题的处理上，谨慎是必需的，尤其是决策者们，通常希望能在公平的前提下解决。但是，资本最关心什么？当然是如何实现增值。既然需要在资本的参与下，解决公共卫生服务中的问题，那么在政策制订与实施的过程中，就必须关注产业资本的诉求，追求公平和追求效率是相悖的，但却不能因噎废食，如果能够找到合理的引导方式，以逐利为目的制药产业资本也是可以同卫生服务的公平性目标协调起来的。

世界卫生组织（WHO，2001）指出，国家药物政策是一个包含多个构成要素在内的共同框架（common framework），这其中的每个构成要素本身又涵盖数个政策问题，均与特定的政策目标相对应，并且其中多数都和制药业紧密联系，有的需要直接参与，有的则是间接影响，有些情况则属于同时具备。更详细描述可见表 1-1。

表1−1　　　　　　　　国家药物政策构成要素与制药企业

构成要素	关键的政策问题	与制药企业的相关程度	
基本药物遴选	确定药物领域中政府介入的优先领域	直接	高
	确定和更新国家基本药物目录的程序	间接	中
	遴选传统药物和草药的机制	直接	高
可负担性	政府通过增加可负担性承诺确保可获得性	间接	中
	降低药物税收、价格、利润率；价格政策	直接	高
	以仿制政策、治疗替代、价格谈判和规范采购等促进竞争	直接	高
药物筹资	为重点疾病、贫困者和不发达地区增加政府资金	间接	中
	使药物报销成为公共和私营健康保险计划的一部分	间接	中
	使用和界定使用者付费范围	间接	中
	利用并限制发展药物贷款	间接	中
	药物捐赠指南	直接	高
供应系统	药物供应与流通体系的公私混合问题	直接	高
	建立健全药物采购管理规范	直接	高
	公开发布原料和成品药价格信息	直接	高
	建立健全紧急状态下药物供应体系	直接	高
	废弃或过期药物处理问题	间接	中
管制和质量保证	从制度、人员和财政上确保药物监督管理	间接	中
	建立健全独立透明的药物监督管理机构	间接	中
	药物审批与注册	直接	高
	实施 GMP、监督检查和执法	直接	高
	监管药物促销推广	直接	高
	监管传统药物和中草药	直接	高
	药物不良反应检测体系建设	直接	高
合理使用	发展循证医学临床指南，作为药物使用评估、供应等的基础	间接	中
	建立并支持药物及治疗委员会	间接	中
	推广基本药物概念、合理用药及仿制药处方	间接	中
	培训非正式的药物销售人员	间接	中

构成要素	关键的政策问题	与制药企业的相关程度	
合理使用	消费者教育及方式	间接	中
	促进合理用药的经济激励机制	间接	中
	促进监管与管理战略	间接	中
新药研发	调研药物的可获得性、质量和合理使用	直接	高
	临床药物研究和开发	直接	高
人力资源	计划和监督药物领域所需的人力资源开发与培养问题	间接	中
	对外部协助的需求（国内的和国际的）	间接	中
监控和评估	政府明确承诺监控和评估原则	间接	中
	定期调查和监控药物领域	间接	中
	外部独立评估国家药物政策对社会所有领域及经济上的影响	间接	中

资料来源：根据 WHO. How to develop and implement a national drug policy, Second edition 整理。

10

从表1-1关于国家药物政策的构成要素描述中可以看出，在国家药物政策的制订与实施中，所涉及的各个构成要素几乎都或高或低地存在制药业的影响，尤其是在解决基本药物的遴选、可负担性、供应、管制与质量保证和新药研发等几个方面，更是不可或缺。这些构成要素所涉及的方面都会反映在资本在制药业的收益变化上。而只要处理得当，制药业也会对药物政策形成积极作用。因此，从药物政策的理论逻辑上来讲，制药企业增值诉求是制订与实施国家药物政策无法绕开的关键一环。

1.2.3　制药企业的公众健康责任

从药物的商品属性看，制药企业是医药市场中最重要的一部分，创造利润、缴纳税金和提供就业岗位是其重要的经济责任。但是，药物本身关系到公众的健康和生命安全，因此这种特殊性决定了制药企业不能单纯追求经济目的，而应当积极承担维护公众健康的社会责任，并把这一责任作为其最重要的价值取向。制药企业的公众健康责任主要体现在以下三个方面：首先，制药企业有责任为公众长期稳定地供应合格的药物，即为维持和改善公众健康水平提供数量充足和质量可靠的药物；其次，制药企业有责任制订合理的销售价格，即应当把药物的利润限定在适当范围内，不超出患者在经济上的可承受能力，从而降低卫生总费用；最后，制药企业有责任研发创新药物，以解决各种疾病新问题。

长期来看，维护公众健康是制药业生存和发展的价值取向和首要责任，一旦忽视这一点，那么，单纯依靠以经济利益为驱动，整个制药业的发展就会渐渐与社会公众期望的方向相背离，不可避免地会侵蚀公共利益。虽然短期内也许会获取较高的收益，但是从长远来看，这会对整个制药业产生不良影响，损害整个制药业的利益，也背弃了公众信任，步入下行循环的轨道。

因此，虽然在整个制药业发展过程中，产业资本始终起着主要的驱动作用，但是也并不能由此判定制药产业资本的唯一诉求就是无限度地追逐利润、实现价值增值。更准确的表述应该是，维护公众健康是制药业生存和发展的价值取向、首要责任和终极目标，制药产业资本是认可这种取向、承担这种责任和实现这一目标的经济驱动力。

1.3　研究目的与研究意义

1.3.1　研究目的

药物政策的形成是一个复杂的政治过程，应始终兼顾所有的利益相关者，包括：个人、机构和政府等多个方面，在这个过程中与各个利益相关者完成协商、交流和谈判。各方参与者来自制药业、销售企业、消费者、医疗机构、学术界、各种协会组织及政府的不同部门等。制药业的重要意义既体现在一个国家的卫生保健领域，也体现在一个国家的经济发展领域，在研究、制订与实施国家药物政策时扮演重要角色。本研究主要目的是从制药企业价值诉求的立场上出发，展开关于国家药物政策的研究，具体可以表述为：在制药产业资本寻求增值的过程中，以制药企业作为研究对象，专注于在产业分析框架内研究制药业估值的约束条件以及资本增值诉求影响国家药物政策制订与实施的微观机理。

1.3.2　研究意义

（1）把握资本诉求，有效制订药物政策：与药物相关的系列问题涉及公众健康和生活质量，应以符合成本/效益的方式对公共健康领域的需求做出反应，并保持药物领域内的公平性和有效性。但是对于资本而言，投资于任何一个产业，其首要目的都是增值。同样，资本进入制药业，其首要目的并不是解决疾病给人类带来的痛苦，以提高人类生活质量，而是为了获取收益。这才是它研发、生产和销售药物的主要目的。利益是一个综合的概念，具有多重含义。当伦理道德遭遇资本逐利的时候，所做出的反应经常可能是无力的。虽然利益的表述多样性的，但不妨碍资本清楚地表达其在经济上的诉求，所以在制订与实施国家药物政策的进程中，就不可避免地会有资本的代言者发出反对政策的声音、利用政策的行为以及试图做出改变的举动，所有这些都是为了获得利益。理论和实践都表明，允许资本完全无约束地逐利会造成市场失灵，不过，这也并不意味着完全的管制是一种更有效率的方式，不恰当的管制也同样会导致效率的损失。因此，一个恰当表述是：制订者应"预期对手立场的变化，明确战略，使他们参与进来，赢得他们的支持"（WHO，2001）。就是说，要了解资本的立场，把握资本的诉求，使其明确药物政策的战略方向，如此方能更具有针对性和得到期望的效果。

（2）引导资本投资，促进制药业发展：国家药物政策的制订和实施应结合国情、现状和未来的发展需要量力而为。尽管国家药物政策的首要目标是要保证基本药物的公平性获取，但也同时包括了鼓励效率和效益的经济目的，既要满足公平获取基本药物，又要激励制药企业研发创新，发展和繁荣国家制药产业。目前，我国的制药企业与国际大型制药企业相比，基本相当于刚刚起步，尤其是在研发创新环节，存在很大的资本缺口，这是当下亟待解决的问题。这个问题的解决需要建立在一个资本能够有效进入和退出机制的基础上。本研究主要通过研究制药业与国家药物政策之间的交互关系，了解国家药物政策影响制药产业资本增值诉求的微观机制，对制药产业资本诉求的表达方式、增值内容及其数量的变化形成客观公允的评估，这种机制构成了制药产业资本有效参与市场运作的基础。了解制药产业资本的基本诉求，才能更好地把资本吸引进来，促进国家制药产业繁荣发展，维持和完善国家药物保障体系。

1.4 研究方法、技术路线和内容安排

1.4.1 研究方法

1. 历史演进与制度变迁相结合

本研究立足于制药业的经济和社会环境，从制药业的发展演变中厘清脉络，在廓清历史过程和现实状况的基础上，认识制药产业资本的增值过程，勾画出其发展的一般规律，总结其中的必然性和偶然性，将本研究建立在把握历史演进规律和制度变迁逻辑的基础之上，使研究在理论表述和内在逻辑上呈现出一致性和连贯性，保持承袭。

2. 定性分析和定量分析相结合

本研究把分析论证过程建立在对事实和数据进行深入分析的基础上，在分析过程中，注意定性分析和定量分析相结合，对所涉及的经济事实首先进行定性描述和分析，然后通过逻辑严密的数学模型予以论证与推演，对经济事实涉及的变量进行定义、解释和推导结论，结合推导的结论做定性描述，最后结合收集的数据，部署实证检验，验证具体的结论；基于实证结果对药物政策和制药产业涉及的问题展开讨论。在具体实证检验时，使用事件研究法（Event Study Methodology），追溯检验基本药物制度实施的资本市场反应是否具有显著性，以验证国家药物政策的经济后果。

3. 多学科交叉研究与综合

就本研究的整体研究框架来看，我们关注的主要方面和论证过程，

13

必然需要建立在多个学科交叉与综合的基础上。第一，需涉及经济学和产业组织的相关理论和方法，第二，需考虑公共政策研究和国家药物政策的理论与方法；第三，需关联企业价值评估的基本理论和财务理论等；第四，还需涉及知识产权保护和药物经济学的研究内容。

1.4.2　技术路线

图 1-1 给出本研究主要的技术路线。

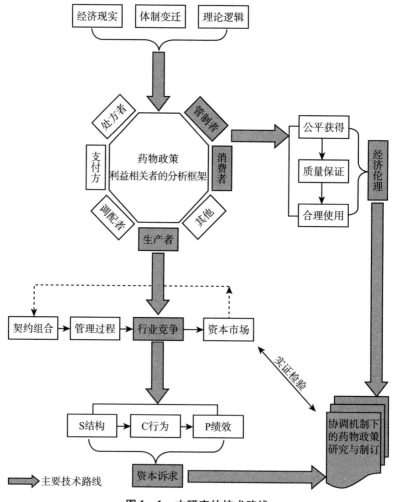

图 1-1　本研究的技术路线

　　首先，本研究基于利益相关者的框架，从经济现实、体制变迁和理论逻辑三个角度予以论述，指出制订与实施国家药物政策是一个制度变迁过程，在这个具体的过程中，由于关系到不同的利益相关者群体，而使在解决药物政策相关问题时，需要建立在考虑、分析和研究不同利益相关者的立场、反应、态度及其行为的基础上。

　　其次，构建本研究的理论基础，论述消费者立场的卫生服务公平性，提供道德伦理和经济学交互的分析视角，从政治经济学到制药业经济学，再到契约经济学和企业价值评估学，逐步关联过渡，将研究关注点从一般的经济学理论转向关于制药产业的研究，以及对资本增值诉求实现路径的思考，寻找研究制药产业资本实现增值诉求之微观机制的具体分析路径。

　　再次，基于制药产业经济学的研究思路和分析框架，以引导制药产业资本投资为主线，给出资本诉求的基本要素，以实现国家药物政策目标为前提，分别选择市场结构、研发创新和专利保护三个内容展开研究，充分考虑这三个方面内在的关联逻辑和传递路径，从行业、企业和制度三个层面上展开分析，研究制药企业的估值约束以及国家药物政策和产业资本的交互机制。

　　最后，选择制订与实施国家基本药物制度（2009 年）前后的 5 个事件，开辟时间窗口，根据上海和深圳两家证券交易所的制药业上市公司交易数据，用事件研究法追溯检验资本市场异常报酬率。

1.4.3　内容安排

　　本研究总共分为八章：

　　第 1 章，绪论。本章分析了本研究的研究背景、提出研究目的和意义。在从利益相关者的角度分析制药企业和制药业对于国家药物政策重要意义的基础上，提出本研究的研究对象和主要切入点，并给出本研究的整体框架。

　　第 2 章，文献综述。本章系统梳理了国内外相关文献，就国内外现有研究成果的研究目的、研究方法和研究内容进行分析、对比和评述，指出虽然政策问题争论的焦点可能不同，但是根本的问题是一样的，即消费者利益（低价、安全、有效的药物）和制药产业资本诉求之间的矛盾，制药企业所有的市场行为只不过是产业资本诉求的外部表现。在此基础上提出本研究的基本观点和研究方向，并指出国家药物政策的研究与制订应在跨部门、跨领域的视域内展开，理论上能够丰富和完善国家药物政策的研究与制订，实践上能够引导产业资本投资行为，促进制药业发展，更好地保障民生、促进人民医疗保障水平提高。

第3章，理论基础。本章主要就本研究所涉及的理论基础进行了介绍和分析，采用逐步关联过渡的方式，从经济利益与制度变迁过渡到国家药物政策中的利益相关者分析，从利益相关者的分析转向制药业，最后落脚到本研究的主要研究对象——制药企业，逐步确立本研究的理论基础。

第4章，产业层面的制药企业价值与国家药物政策：市场结构。在本章中，以市场结构为切入点，主要从制药业市场层面对于制药企业价值与国家药物政策之间的关系进行了分析。通过这种分析，主要试图了解：为了实现药物政策的目标，我们需要一个怎样的药物市场。即制药业需要垄断还是应当鼓励竞争，在这个问题上制药业的立场和态度是什么，以及由此引发哪些行为。本章还对我国目前的市场集中度情况进行了数据分析，并在基础上提出政策建议。

第5章，企业层面的制药企业价值与国家药物政策：研发创新。在本章中，以研发创新为切入点，主要从制药企业能力层面对于制药企业价值与国家政策之间的关系进行了分析，通过这种分析，主要试图了解，研发对于制药企业价值的意义在哪里，对于产业资本而言，研发的动力在哪里，以及国家药物政策应当如何激励产业资本投资研发行为。本章对我国制药业目前的研发现状及问题进行了分析，并在此基础上提出政策建议。

第6章，制度层面的制药企业价值与国家药物政策：专利保护。在本章中，以专利保护为切入点，主要从国家法律制度层面对于制药企业价值与国家药物政策之间的关系进行了分析，在这一分析过程中还不可避免地涉及了对仿制药的讨论。本章对仿制药问题、专利体制问题以及两者之间的协调进行了分析，指出应当在专利保护体制下增强药物的可及性，并在此基础上提出政策建议。

第7章，国家药物政策的经济后果：基于资本市场的实证检验。在本章中，主要以基本药物制度的首次制订和实施为主要事件，贯穿基本药物政策从初步的政策意向到最终颁布实施的全过程中，关注资本市场的反应情况，对于该政策的制订与实施是否对制药业企业价值构成影响进行实证检验，探讨资本市场对国家药物政策的反应，确认国家药物政策是否存在经济后果。

第8章，研究结论、不足及未来的研究方向。在本章中，总结了本研究的主要研究结论，指出国家药物政策制订与实施应在社会目标与经济目标的协调中进行。最后，对于本研究存在的不足以及未来的研究方向进行了分析与说明。

根据上述内容安排，本研究的基本结构如图1-2所示。

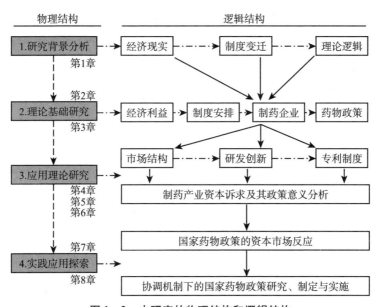

图1-2　本研究的物理结构和逻辑结构

1.5　可能的创新点

（1）本研究选择了独特的研究视角，基于利益相关者研究框架，关注药物政策制订与实施的经济驱动力，特别对国家药物政策同制药产业资本诉求之间的矛盾与冲突、平衡与协调予以关注。本研究认为，制订与实施国家药物政策是一个需要多边共同参与、协调前进的政治过程，因此要从全局出发，在多部门、多领域的视界中观察，使国家药物政策的经济目标与社会目标保持步调一致。这是一种基于经济学和伦理学相协调的考虑，更具有开放性。

（2）本研究分析了制药产业实现资本诉求的微观过程，在国家药物政策的研究、制订与实施过程中，主要将企业价值理论、产业经济理论和公共政策研究结合起来，沿着资本表述增值诉求的路径，研究制药业的行业市场、企业行为和制度建设，分别从市场结构、研发创新和专利制度三个方面内容中验证制药企业价值的增值约束机制，并回到资本市场中，通过投资者的反应来进行验证，深入研究国家药物政策的取向。

（3）本研究阐述了制药产业资本与国家药物政策之间的循环对应关系，并首次采用事件研究法检验国家药物政策的资本市场反应，收集制药业上市公司在资本市场中的交易数据，通过统计检验异常报酬率是否显著为零，来分析资本市场与某一特定事件或信息是否有内在关联性，据以判断市场对该事件或新信息的评价，实证结果形成了关于国家药物政策具有经济后果的清晰证据。

第2章 文献综述

本章对所试图研究的问题和领域进行了文献梳理。研究发现，作为一种制度安排，国家药物政策与制药业之间的关系更多地表现为政府发挥其管制作用，尤其是对药物价格和质量的管制，因为药物价格直接关系到制药企业的利润，而质量则关系到公众的健康。鉴于本研究的出发点，本章首先对于国内外关于政府管制尤其是药物价格管制中的政策问题文献进行梳理，然后在本研究的框架内重点关注了产业层面（市场结构）、企业层面（研发创新）和制度层面（专利体制）的相关文献，在此基础上做出评述。

2.1 政府管制与药物价格的文献研究

政府对于药物市场的管制作用是明显的也是必需的，并且政府所发挥的作用是得到公共认可的，这种管制活动贯穿于药物市场活动始终，从有关信息的产生、收集、传递，一直到最终的评价过程，这是由药物市场自身的特点所决定的。政府管制在药物市场相关的多个领域中展开，戴维·班克（David Bank，2005）解释了药物市场中的利益相关者，包括消费者、处方者、调配者、生产者和管制者之间，在各种利益上存在的矛盾，他的研究主要基于个体利益的基本假定，详细解释了消费者在药物市场中所处的弱势地位。事实上，如亚伯拉罕·约翰（Abranham John，1995）曾经提出：制药业的利益在药物市场价格管制体系的确立和演变进程中发挥了举足轻重的作用。产业的利益又是什么？从公众的角度上看，主要就是承担社会责任，维护公共健康；从资本的立场上说，主要就是实现价值增值，两者共同交会于药物的定价和监管等领域。

国外的研究者在药物定价研究中关注的内容主要包括以下两个方面，其一，是关于药物定价策略问题的研究，其二，是关于药物市场价格竞争的内容。考虑到本研究的主要兴趣，在前述两个方面的文献中，我们尤其关注了药物专利期届满以后，当仿制药进入市场时引起的药物价格竞争。

赫尔维茨和凯夫斯（Hurwitz and Caves，1988）分析了1978～1983年间56种药物在专利期届满之后的市场定价行为。他们研究认为，虽然消费者在选择药物的时候，价格差别会是一个影响因素，但是他们对价格的变动并不十分敏感。反而因为专利药物通常会在专利保护期内形成良好声誉，使消费者在药物专利保护到期后，仍然愿意支付较高的费用购买。

凯夫斯、温斯顿和赫尔维茨（Caves，Whinston and Hurwitz，1991）研究了1976～1987年专利期届满的30种专利药物与仿制药物的市场竞争情况。研究显示，在专利保护届满之后、仿制药进入市场以前的这段时间里，专利药物的市场价格是上涨的，未出现在位企业使用降价的方式限制新的生产者加入的情况；而仿制药进入市场以后，专利药物的价格水平也未曾出现显著的降低；但是仿制药的价格在刚刚进入市场时显著低于专利药物，并且仿制药的价格还会随着加入竞争的生产者数量越来越多而不断下降。

格拉博夫斯基和弗农（Grabowski and Vernon，1992）研究了1984～1988年17种药物的市场价格数据，研究显示，专利药物生产者获取利润的上升吸引了仿制药生产者的注意和加入，仿制药的市场价格能够很好地说明药物市场份额变动的原因。他们还指出，专利药物的价格变化，自仿制药物在市场上销售两年之后，不但没有降低，反而上涨了11%，研究者认为品牌药物价格的这种变化是对一种细分药物市场的反应。约珥（Joel，2004）和特蕾西（Tracy L. Regan，2008）在他们的研究中也有类似的结论。

维金斯和马内斯（Wiggins and Maness，1994）研究了1984～1990年的98种抗感染药物药物价格的市场竞争情况，研究数据显示，这些药物的市场价格因为仿制药生产者进入市场而显著地降低，不过，价格下降的速度会因为进入市场的竞争者数量的上升而减缓。

鲁和科曼诺（Lu and Comanor，1998）研究了 1978～1987 年的 144 种新药，发现新药的市场定价受到以下因素影响：消费者接受程度、医生的品牌偏好、竞争对手的反应和药物的治疗特性。尤其是如果新药的疗效好于市场中现有的药物，那么其市场价格就会比现有药物的价格要高，但是如果新药的疗效同市场中药物的疗效相似或重复，那新进入的药物就会在定价时采用低价策略。

董、维拉德、斯蒂芬和罗纳德（Dong，Willard，Stephen and Ronald，2000）研究发现专利药物价格会在专利保护期限终止以后保持上涨，而仿制药价格会表现为明显地下降。在专利药物保护期届满以后的第四年，专利药物的销售量和销售额各自会有 20% 和 12% 的减少。而与此同时，仿制药销售量和销售额则分别有 300% 和 200% 的上升。仿制药在进入市场销售三年之后，大约会分别占有 1/2（按数量计算）和 1/4（按金额计算）的市场份额。

埃克隆和佩尔松（Ekelund and Persson，2003）研究了 1987～1997 年在美国和瑞典市场上新化学实体（New Chemical Entities，NCEs）的定价情况，他们发现一种药物的创新水平如何，最终决定了这种药物在新进入市场时的具体价格。然而在一个药物价格受到严格监管的市场中，随着销售时间的延长，新药的市场价格会有明显的下降。

施韦策（Schweitzer，2007）指出价格歧视理论可以解释药品价格因市场不同而不同，并且基于企业利益最大化原则，会对消费者收取其最可能支付的费用，而不是最后一单位的边际支付，这将引导消费者购买特定的价格，愿意为较少的量支付更高的价格。

这些研究和很多其他相似的文献集中反映了制药业的药物定价策略选择和药物市场价格竞争的状况。尽管在不同的国家中，对于药物监管的内容、力度和方式上会各有侧重，但是只要考虑到药物定价是和民生利益紧密相关的问题，并且其背后又具有重要的政治和政策意义，此时药物定价决策与管制就显得错综复杂起来，因为需要纳入考虑范围的要点将不仅仅囿于经济学领域，同时还必须充分考虑政治、社会和伦理学等方面。因此，药物价格的管制和药物价格过高的问题也是国外研究者们密切关注的内容。

瓦格洛斯（Vagelos，1991）通过分析处方药的定价、利润和成本效益来讨论药物价格是不是真的过高。他表示，高成本和风险伴随着创新药物研发，控制药价上涨存在着压力并不断增加，上述因素可能会对制药业的社会责任以及患者在新药物上的可及性产生影响。他强调，制药产业的管理层在做出定价决策的时候应注意自身的责任。如果药物的价格过高，会导致患者难以承受高昂的药物费用，制药业就失去了存在的意义。

阿尔伯特和托马斯（Abbott and Thomas，1995）则以虚拟的方式研究了制药企业的最优价格决策模拟，对于价格上限模型在价格管制中的作用进行了探究，认为价格上限模型虽然导致药物价格短期内上涨，但长期来看会使价格下降，这种管制方式会给消费者增加福利水平。

迈克尔·德拉蒙德（Michael Drummond，1997）做了在多种价格体系下，采用药物经济学的分析方式，就药物价格情况做出评价的研究，他指出政府应该在制订给付制度和价格监管制度时，尝试基于药物经济学来做出评价，在确定创新药物的市场价格时，作为管制者应当考虑确定按什么比例在生产者和消费者进行福利分配。

吉尔·韦克斯勒（Jill Wechsler，2000）认为虽然管理者和研究者们都认可价格和过度消费导致了药物费用的提高，但是目前尚未找到恰当的办法来遏制这种趋势。他们更倾向于现有的制度设计，甚至鼓励患者采纳费用高的治疗方案，因为现有的制度设计是由第三方付费的，因此患者实际上并不清楚药物的具体价格，并且开处方的人也基本不了解患者究竟支付了多少。

玛西娅·安吉尔（Marcia Angell，2004）的观点就更加尖锐了，她在书中指出，处方药的价格高得过分，而且一直不断上涨。在所有的卫生保健支出中，药物费用的支出是增长最快的。药物费用问题已经不单单是困扰低收入者群体的一个问题，已经有越来越多的人开始给他们的药物账单付费。

争论的观点是多样的，比如有的研究者就不认为药物价格过高，例如安东尼奥和塞尔吉（Antonio and Sergi，2007）的研究中指出，美国市场上药物的价格表现，并未高于在其他国家的价格表现，他们的研究进一步确认了丹泽和赵（Danzon and Chao，2000）的研究结论，不过却同美国商业部（United States Department of Commerce）做出的关于药物价格的研究结论相悖。

关于药物价格过高的作用或者意义，存在两种不同的观点。一种观点认为，维持较高的市场价格水平可以给予制药业资本以合理的投资报酬，这可以抵消产业资本在药物研发上的支出，降低其在这一过程承担的风险，有助于这个行业能够维持稳定的驱动力以持续前行，并且确保新药的研制能够治愈那些不断涌现的新型疾病。谢勒（Scherer，1993）指出："如果把药物那原本令人吃惊的利润限制在一个合理水平上，那么药物带来的利润总量几乎无法维持技术进步。因此，相对于阻碍技术进步，给药物设定一个适度的高价格，允许其获取高利润都是可以接受的。"在关于药物定价与研发费用的研究中，持此观点者为数不少。其中的一个突出表现就是针对药物价格管制政策做出的批评。比如，艾伦斯·莱特（Alan Earl - Slater，1996）就欧盟在药物市场价格上的管制政策批评性地指出，这种政策会给欧盟制药产业的竞争力带来负面影响，甚至有可能会令欧盟陷入因为价格管制而丧失它的制药产业的危险。

另一种相反的观点表示，药物价格无论是相对于消费者的支付能力，还是基于核算药物的制造成本，都是明显过高的。在谢勒（Scherer，2001）的一项关于制药业的研发支出和盈利能力相互关系的研究中显示，通常的研究中首先假定"制药业的盈利能力越强，那么在研发中投入也就相应的越多"是不稳健的。因为当制药业中出现了更多的获利机会时，会吸引产业资本持续扩大投资、加剧竞争，所以，当他们从这些机会中获利的时候也造成了成本的增加，并且这种情况会一直持续到绝大多数利润被增加了的成本完全摊薄。

伴随着我国的医疗卫生体制改革进程，国内也有越来越多的研究关注了药物的市场定价和政府管制等问题，而药物价格过高问题不仅仅是研究者们关注的焦点领域所在，同时也是政府、社会、公众谈论和关注的热点话题。药物的市场定价问题既要考虑经济政策和产业政策，又要涉及公共政策和卫生政策，在早期的一些研究中，主要分析和讨论了药价是否过高的问题，而近几年的研究已经逐步深入更加具体的领域和环节，包括政府管制与权衡、药物的定价模式以及药物的供应、采购等问题。这些研究中也有一些关注了专利药物保护、专利到期后仿制药和专利药价格的市场竞争、国际药物价格的市场比较、药物市场定价中药物经济学评价的作用等问题的研究。

马勇和郭磊（2000）从经济学的角度解释了药价虚高的问题。他们分别从患者、医生、医患关系、医疗管理体制和制度以及政府监督成本方面进行了分析，认为药价虚高的原因主要有信息不对称、特殊的供求关系、道德风险、制度设计不合理、药企逐利行为以及监督成本过高等。

袁杰认为（2001）药价高的原因在于：（1）医方对加成率的追逐与合资、独资、进口药的高价药相汇合；（2）高价药畅销的示范效应诱使国内厂商利用各种合法不合法手法把价格推上去；（3）医药代表、折扣回扣与高价药相汇合；（4）药物产销的混乱与管理无序的结合。因此，医药改革的宏观政策应考虑如何规范医方用药行为，主要责任在医方，只有价廉物美的药畅销，才能正确引导药物生产经营行为。

尹爱田和钱东福等，指出（2004）在医疗药品市场中，控制医院药品费用，需要政府加强干预和调控。然而，政府的调节机制也存在着内在的缺陷。由于政府机制的失效并由此导致的卫生资源配置的低效和不必要的浪费，要求在医药市场领域应尽快引入市场机制。

徐揆和易娜（2007）则从利益相关者的视角分析了我国医疗服务价格虚高的原因，他们指出制药商及批发商关注利润最大化，制药企业低水平重复建设，导致虚列成本或虚列价格。在药物销售环节，医疗机构的药物销售占全社会零售总额的 80% 以上，医院处于终端售药的垄断地位。在药物生产市场竞争激烈的条件下，控制最高零售价显然不可能使医疗机构进一步降低药物价格。厂商垄断、药物流动体制不合理也是药价高的原因。

陈和施韦策（Chen and Schweitzer，2007）在介绍和比较国外药物政策的基础上，分析了我国药物价格控制政策的效果，认为控制药物费用增长应制订药物合理价格。药物定价应当按照社会平均成本定价，保证制药企业合理的利润空间，从而鼓励其投入研发。对于纳入不同报销目录的药物应采取不同的价格策略，对于国家基本药物价格应严格管制，定价应主要依据药物的边际成本。对于基本医疗保险覆盖的药物，应当实行直接价格管制、利润控制或参考定价。而那些不在保险报销范围内的药物或新专利药，则可由市场而不是政府来定价。

肇晖和邵蓉（2008）梳理比较了专利药降价方式的几种可能性，认为对于专利药价格的控制和管理，既涉及卫生政策，也涉及产业政策。政府在制订限价政策的时候要兼顾专利药厂商的利益，在两者之间选择一个平衡点，力求实现企业和消费者"双赢"。此外，还需要不断完善立法。同时，作者也指出，政府在监管药物价格时，面临行政监督成本过高的压力，因此可以引入市场调节的力量，使监管体系成本更低、效率更高。

张琼（2010）对我国 1997 年以来多次药品降价政策的效果进行了综合评估，研究发现药品降价政策在其正式实施前后对医药市场相关价格产生了"V"形影响，这意味着降价干预在实施当月对医药市场价格的负向冲击最大，但医药市场价格又很快恢复到实施前的水平，表明降价干预影响的持续时间很短；此外，降价政策对医药零售价格的影响比对消费者价格的影响大，并且主要影响的是中药和医疗器械及用品等的价格。

药物价格问题始终受到研究者的关注。越来越多的学者从不同的角度、采用不同的方法对价格问题进行了研究，如药物价格与医疗费用增长及可负担性问题（刘军强、刘凯和曾益，2015；方欣、田梦媛和张欲晓等，2016）药物定价和价格形成机制问题（刘明和刘国恩，2012；刘国庆、江旺祥和王滨等，2013；陈永法和杜一坤，2014；许军、夏聪和杨枭楠等，2017）、药物价格政策改革及其评估问题（颜琰，2017；钟初雷和寿清和，2017）、药物招标采购（邵蓉、谢金平和耿晓雅，2014；高丛珊和史宇鹏，2015；丁锦希、龚婷和李伟，2015；张新鑫、侯文华和申成霖等，2017）以及国（境）内外的药物价格机制比较研究（常峰和阚玉玲，2015；袁雪丹和傅鸿鹏，2015；王亮、李爱花和岳晓萌等，2017；吴胤歆、李跃平和郑振佺等，2017）。

2.2 产业层面的相关文献研究

作为卫生经济学研究的一个补充，国外学者在研究制药业和药物市场对居民健康，医疗卫生机构及国家药物政策的相互影响和作用时，明显带有产业经济学分析范式和研究方法的痕迹。在很多卫生经济学研究著作中都有专门研究关于医药产业的研究（如 A. J. Culyer and J. P. Newhouse，2000；Rxford E. Stanterre and Stephen P. Neun，2004；Sherman Folland，Allen C. Goodman and Miron Stano，2001；等等），这些研究一般按照结构（Structure）—行为（Conduct）—绩效（Performance）的分析范式展开，这是哈佛大学以梅森（Mason）、贝恩（Bain）等人为代表的正统产业组织理论的基本特征。

20世纪70年代之后，这一范式在经济界和理论界引起了热烈的讨论，甚至成为批评的热点。很多研究者认为，结构、行为和绩效的相互关系十分复杂，远非像这一分析范式描述的确定不变和简单表述。这种讨论和批评难免影响到前述研究的基本框架，不过，也应看到前述研究集中于分析范式在涉及制药业相关问题上的具体应用，绕开关产业经济学的研究方法和范式的一般争论，以一种合适（或者可能）的角度来研究和分析制药业对卫生保健服务和公众健康问题的主要影响，在此基础上研究制订与实施国家药物政策中的相关问题。本研究在文献梳理的过程中，主要关注了制药业市场结构的相关分析：

关于制药产业的市场结构研究，研究者们持有的观点非常相近。这些研究表明，不管从发展速度还是从行业规模的角度分析，制药产业领先于大部分其他制造业。与其他制造业相比，在制药产业中存在数量众多、规模相差不大的公司，面临着更激烈的市场竞争。不过，研究者们也指出，在很多关于市场集中度的研究中，经常使用混合的市场份额数据计量，这可能与实际情况并不十分吻合，所以这样的研究数据是难免带有一定误导性的（Sherman Folland et al.，2001）。因为在大多数情况下，药物由于治疗用途不同，相互之间并不具备可替代性，所以，为了更好地说明问题，一个更为可行的思路就是对药物先按照一定的分类标准（比如针对同一种疾病）进行划分，然后再重新计算市场集中度比率。

斯特曼（Statman，1983）、韦尔施（Welsch，1995）、特诺伊（Tanouye，1995）、施韦策（Schweitzer，1996）等研究者都曾对药物进行细分研究，如抗酸剂（Antacids）、口服避孕药（Oral contraceptives）、精神兴奋药物（Psychostimulants）、抗菌剂（Antibacterials）、肌肉松弛药物（Muscle relaxants）、镇静剂（Sedatives）、磺胺类药物（Sulfonamides）、抗高血压药物（Antihypertensive）等的市场集中度比率做了测试。研究表明，进行更细的分类之后，集中度比率提高了，并且会高出很多，更能反映实际的竞争状况。

国内学者关于我国目前制药业的市场结构问题，观点不一，但总的来说，较多研究者认为我国制药业市场总体集中度较低，尤其是与国际知名制药企业相比，处于低水平竞争，有待进一步提高。

周寄中和饶涓（2001）分析了我国医药市场的营销概况和医药企业的发展现状，对比了我国与发达国家的医药企业在经济规模、市场营销和研发投入方面所存在的差距，认为与国际大制药企业相比，我国制药企业的规模太小，应当通过购并等方式进行资产重组，优化人力资源和财力资源配置，强化企业的研究开发能力和市场营销能力，迅速提升企业的竞争力。

李野、杨悦和王君（2002）研究认为我国制药市场就总体而言是垄断竞争市场，即不完全竞争市场，且竞争因素大于垄断因素。就少数品种而言存在寡头垄断市场。但随着我国加入 WTO，某些药物的寡头垄断因素将进一步降低。医药企业将面临更加激烈的竞争。

吴照云和肖宏（2003）研究认为我国制药业产业结构中存在着低水平重复生产，多数普通药物严重供过于求，大分医药产品都处于压价竞销的状况。制药企业经济效益很低，大多数企业缺乏发展后劲；企业规模小，市场占有率低；条块分割、地区封锁和行业垄断严重。为此，应解决医药企业宏观布局结构的不合理，推动医药产业的技术进步与创新，提高医药产业的规模经济效益和市场竞争能力，不仅要进行量的收缩和减少，更重要的是要进行质的提高和优化。

胡元佳、卞鹰、邵蓉和王一涛（2004）以产业组织理论为理论基础，依据 SCP 的分析范式，对我国医药制造业的市场情况进行了框架性研究，研究初步判定我国医药制造业的市场集中度很低，呈上升趋势，但仍远远低于世界制药业的平均水平，并且差距有进一步扩大的趋势，我国医药制造业的产业组织政策或法律的调整重点是提高市场集中度、降低退出壁垒、盘活过剩生产能力和提高 R&D 强度。

冯立果和王毅刚（2009）研究认为我国医药产业的集中度水平一直在低水平徘徊，而进行高成本技术创新行为的产业组织根源是寡头竞争的市场结构。因此，应按照国际标准定义新药和仿制药，让优秀的企业获得好的回报，让不好的企业退出市场；同时，降低市场进入门槛，鼓励中小制药企业成长和创新，鼓励国内金融资本力量整合产业资本，摆脱目前我国制药工业的技术创新困境。

除了关于市场结构的研究，基于发展本国制药工业的思考，本研究特别关注了关于我国制药业总体情况及其发展的相关文献。

潘广成（1997）研究认为我国转型期的医药产业销售利润率不断下降，新产品匮乏，医药产业组织结构高度分散，各自为战，低水平重复建设的状况长期得不到解决，无法形成全行业整体优势，在国际市场中处于被动地位。因此，我国医药产业发展应以提高经济运行质量和效益为中心，注重医药产业布局和结构调整的发展战略，积极实施大公司、大集团、大医药战略和科技兴药战略，实施外向型经济发展战略，实现从制药大国向制药强国转变。

陈晶、钟素艳和林永丹（2001）研究认为我国医药工业长期持续、高速发展，其发展速度甚至高于世界发达国家中主要制药国的发展速度。但是我国医药工业的经济效益与发达国家医药工业所取得的经济效益相去甚远。其原因在于结构性矛盾（产业结构、产品结构和组织结构）突出、生产能力过剩、资源严重浪费、市场供需失衡、资金管理失控和科技进步缺乏力度，为此应转变医药经济发展模式，促进发展速度与经济效益协调发展。

陈文晖和刘颂（2002）研究认为我国医药产业的企业化程度不高，我国医药企业未能很好地按照规模化、现代化、股份制、资本化建制和运作，因而导致企业数量大、规模小，未能培育出超大规模的、对经济发展影响较大的医药企业。但是，从资产运营、盈利能力、偿债能力、发展潜力等指标看，我国医药产业又符合国际医药发展的特征，表现出良好的发展势头。

国家发展和改革委员会产业经济与技术经济研究所课题组（2003）研究指出我国制药业总体快速增长，产业实力已经成为制药大国。但制药业内认为仍然达不到制药强国标准。此外，课题组对于国际国内制药业截至 2002 年的总体状况和未来发展作了具体分析。

曹燕和吴世玉（2004）研究发现在我国 2002 年重点监测的 12 个工业行业中，医药生产高于全国工业平均增速 1.7%，利润增幅高于全国工业平均利润增幅 10.95%。医药产业的整体利润是产业链三大主体利润的总和，其数额是逐年增加的，这可由我国人口的自然增长、老龄化趋势、人民生活水平提高等引起的医药需求增加所解释。近年来，逐渐表现出利润由医药生产和商业企业向医疗保健机构流动的倾向。我国的药物生产企业平均利润小于 5.0%，远低于美国的 10.0%～15.0%。

曹军伟和顾海（2006）提出，应积极实施医药产业集群化发展战略，通过医药企业的地域集中，不断提高聚集效应；促进医药企业与相关单位之间的合作，强化联合行动效应；加强必要的制度建设，形成制度释放效应。

顾海和卫陈（2007）收集了全国 28 个地区的制药业区位相关指标，进行了区位优势评价，研究认为，医药产业地区间发展不平衡是我国基本国情，中国制药业应以提高整体产业竞争力为归宿，允许一部分地区优先发展，有计划有步骤地实现全面发展，协调发展，最终实现全国制药水平的提高。

此外，还有研究者对于中国加入 WTO 以来制药业面临的挑战、机遇和应对策略（郭克莎，2002；陈蕊，2003；张平川，2003 等）、我国制药业发展制约因素（顾海、董艳平和卫陈，2004；武志刚，吉树杰和王兵峰等，2012）、制药业技术进步（郭冬梅，2004；曹阳、柳鹏程和邵明立等，2011；方中秀和汪海粟，2016）以及制药业发展战略（李薇贞，2006；谢光亚和向筠，2008）等问题进行了研究。

2.3　企业层面的相关文献研究

企业的行为选择是多种多样的，比如生产活动、广告营销、研发创新等。本研究对企业层面的关注主要是涉及与药物研发创新行为有关的文献。研发创新是企业得以持续发展的核心竞争力，在制药业中，药物研发创新是一项最重要的经济活动。有关于药物研发创新的研究也是这一领域研究的重点和热点问题，这主要是因为，研发创新的一个重要作用就是能够发现改善生存质量或适用于新疾病、延长生命周期的药物，或者改进药物生产流程，降低生产成本，增强药物的可及性，这些都对提高公众健康水平具有积极意义，而与此同时，研发创新还会使企业始终处于垄断地位，获取超额收益。

德鲁（Drews，1989）显然对制药产业中的管理者抱有期望，他认为应当由管理者设定一种机制，通过这种机制，可以使技术风险和市场风险相互分离，这样做的意义是在开始一个研究项目之前就可以认真地分析和衡量风险，也就是说，可以很好地预计创新增加的销售收入能否与研发支出相匹配。

迪玛西亚、罗纳德、格拉博夫斯基和路易斯（DiMasia, Ronald, Grabowski and Louis, 1991）研究认为因为研发的风险大、成本高，所以对于决策者来讲，一般要在考虑很久以后才能完成关于新药的研发决策。制药企业对于是否进一步研发，需要建立在对既有的药物研发状况进行综合分析的基础上决定，包括对药物研发成本的考虑和对预期收益的衡量，而这些还要进一步取决于新药的目标人群、治疗效果以及替代药物情况，除此以外，还要考虑生产成本、市场开拓、营销和附加设计等因素。

小田、池内和村上（Odagiri, Hiroyuki and Murakami, 1992）检验了日本制药业 R&D 的投资回报率，研究发现制药业的研发支出相对其他企业没有显著的溢出效应。

格拉博夫斯基和弗农（Grabowski and Vernon, 1990, 1994）研究表明，制药业面临非常倾斜的投资回报率曲线，先行者获得了较高的投资回报。他们研究选取了 20 世纪 70 年代到 80 年代的样本中，前 1/10 的新药占去了总市值的一半。他们的研究结论与竞争性研发的经济模型相一致。从行业的角度来看，他们的研究结果表明 R&D 的平均回报比较接近风险资本成本的价值。谢勒（Scherer, 2001）基于制药业 1962 ~ 1996 年的数据进行实证研究，也同样支持这一资本风险寻租模式，他发现产业研发费用和利润之间有很强的相关性。

制药企业规模与研发创新之间的关系也引起了广泛的讨论，如施瓦茨曼（Schwartzman, 1976），佐尔坦、戴维和奥德斯（Zoltan, David and Audretsch, 1988），格雷夫斯和朗格维茨（Graves and Langowitz, 1992），瑞贝卡和伊恩（Rebecca and Iain, 1997）等人的研究。

也有一些争论关注了制药产业在研发费用上的高额支出问题，有研究者认为制药业之所以在研发创新上面大量投资，其根本出发点是为了能够保持其拥有优势地位的竞争力。然而在医疗改革和医疗费用支出等方面的研究者则表示，制药业用于研发创新上的大量投入部分地要为患者在医疗费上的高额支出负责（McClatchy Tribune Business News, 2008; Worldwide Biotech, 2008）。也有另外一些研究者表示，在为数庞大的研发支出中，有一些是属于罕见病治疗用药的研发费用。正是因为有超额收益的激励和支持，制药业才会有持续研发新药的动力，否则将会导致很多罕见病患者因为缺乏对症药物而不能得到有效地治疗。

随着对以生物技术和信息技术为代表的知识经济的研究与关注越来越多，国内也有较多学者把研究目光投向了制药业的研发创新问题。研究者们对于我国制药业创新现状的认识比较一致，但分别从各自的研究视角提出了原因分析以及提高我国制药业研发创新能力的对策。

苏建英和赵艳丽（2002）研究认为我国是一个缺乏新药开发能力的国家，在未来较长时间内，仍将依靠仿制药物来满足本土市场。但加入 WTO 后，化学制药行业的新药、专利药的仿制必将受到更多的限制，这对我国医药企业是一个巨大的冲击，搞好新药研发是每个医药企业必须面临的问题。

张晓雯（2004）研究认为，中国已成为世界制药大国，但医药产业的创新能力严重不足。作者分析了我国医药产业面临的严峻现实问题，指出了医药产业创新能力严重不足的原因，并从政策倾向、资金投入、人才建设和国际合作等多方面提出了提高医药产业创新能力，加速其现代化进程的对策。

吴晓波、韦影和杜健（2004）研究认为我国制药企业开展技术创新普遍具有投入能力有限和技术力量薄弱的特点。企业 R&D 投入占销售收入的平均比例不足 2%，远远低于国际水平（>10%）；投入量小，单个新药的研发投入通常远低于亿元，而国外制药企业则超过 5 亿美元。在资金和技术人才都较为匮乏情况下，我国制药企业多采取仿制的形式进行生产。

朱宝凤（2005）分析了我国医药产业研发现状，认为制约我国创新药研发的主要问题是新药研制开发主体错位、体制或机制限制了创新能力的发挥、缺少对基础研究的支持，并从人才、政府、体制和体系建设等方面提出了相应对策。

张世贤（2005）认为技术创新遵循"阈值理论"，即只有当研发资源集中到一定程度才能使研发成果成为稳定输出。他以我国制药业为例进行了研究，认为我国企业规模小，销售收入少，销售收入中研发经费所占比重更低，少量的研发经费被用在许多项目上，使得企业的新技术成果难以实现规模化的市场开发，难以实现产业化。研发资源的极端分散化是目前我国高技术产业化发展的最大障碍。

陈金术和王大明（2005）对国际大型制药企业 R&D 投入进行了分

析，在此基础上，他们提出，我国制药企业应当加大投入研发强度和力度，政府应通过政策法规等手段鼓励和引导制药企业加大投入。我国会计科目的设置应尽快与国际接轨增设"研发投入"会计科目账户，既可作为税收优惠政策的依据，也有利于对国内企业研发活动的考察和统计。

沈凯和李从东（2008）从医药供应链运行的角度出发，深入分析了制药企业研发能力薄弱的原因。认为供应链产品信息流和知识流的闭塞和不畅、供应链研发投入的匮乏和医药供应链对市场反应的迟钝影响了我国制药企业研发创新，我国当前制药企业研发和创新能力的提高，需要供应链节点之间企业的良性互动、产品知识流和信息流的优势流动，需要整个供应链（包括行业监管部门）的各个环节的共同努力。

陈守军和张永祥等（2008）从美国医药科技创新体系、法规体系和投融资体系等不同侧面分析了美国创新药物的研发模式和成功经验，从产学研结合、宏观政策环境以及投融资体系建设与完善方面提出了如何建设我国医药创新体系和提供我国医药科技自主创新能力的观点和建议。

顾海（2008）以医药企业的 R&D 能力作为切入点，在对我国医药企业的 R&D 现状描述分析的基础上，对我国大中型医药企业 R&D 能力与可持续发展关系进行实证研究，结果发现，企业的 R&D 能力与可持续发展之间存在显著的正相关关系。在此基础上，从产业政策、激励制度、研发网络架设、研发人员职业规划等方面提出相关对策建议，以加强医药企业的 R&D 能力，实现医药企业的可持续发展。

杨易成、杜纲和刘国恩（2009）对我国制药企业研发国际化策略进行了研究，概括了我国医药产业研发现状，对当前我国医药产业研发国际化存在的问题进行了分析，结合对照印度制药企业发展的模式，基于竞争合作理论，就我国制药企业研发国际化战略提出了相应对策，并根据我国国情总结了研发国际化的可行模式。

丁锦希、耿露、孙晓东和顾海（2011）指出创新药物研发是提升医药产业核心竞争力的关键因素之一，其研究成果将产生重大的社会效益和经济效益，是保障我国新医改政策和新农合制度可持续发展的源动力。他们在构建创新药物研发激励政策框架的基础上，通过政策激励机制结构方程模型量化评价政策实施效果，为完善我国创新药物研发激励政策提出合理化建议。

张露和胡豪（2012）研究认为医药产业的研发效率问题在医药创新复杂性增加的情况下日益明显。复杂产品系统因具有高成本、技术和工程密集等特征，他们在将复杂产品系统理论运用到医药研究与发展中的同时，对 CoPS 理论进行了回顾，研究发现医药研发在逐渐演化过程中提高了所需的知识宽度，使得 CoPS 理论适用于医药研发学习和实践。

蔡旺春和肖力军（2013）认为医药产业是知识、技术密集型产业，新药研发成本高、周期长、风险大，为了在越来越激烈的医药市场竞争中求得生存与发展，制药企业必须提高研发效率、缩短研发周期、降低成本和风险。在此环境下，促进了"研发外包"的产生和发展。他们对比了中印两国医药研发外包产业的发展现状，认为印度的 CRO 产业整体水平比我国高，国际化步伐走在我国的前面，中印两国 CRO 产业的趋同性不断增强，竞争也会越来越激烈。

张新鑫、侯文华和申成霖（2015）研究了制药企业创新投入和药品定价的协同决策问题，探讨价格管制和医保支付政策对制药企业创新投入和创新药定价的交互作用机制。研究发现，当医保支付比例较高时，价格不能作为药品的创新水平的信号，适当降低医保支付有助于控制制药企业创新中的机会主义行为；价格管制对制药企业创新投入的作用受到医保支付政策和企业自身创新能力的共同影响。价格管制可在一定程度上纠正创新投入配置的扭曲，提高创新能力中等的制药企业的创新激励。

2.4　制度层面的相关文献研究

在制药业中，由于技术和监管等各种原因，存在进入壁垒（进入障碍），经济学理论认为这会使市场中形成垄断势力，进而妨碍自由竞争。药物专利保护制度就很典型地反映了这种情况。这种制度设计对于制药企业盈利能力有显著影响，同时药物专利制度设计因为所处领域的原因又涉及经济伦理问题。

雷克斯福德和斯蒂芬（Rexford and Stephen，2004）认为专利体制从经济上来看是合理的，尽管这一制度带来了垄断问题，然而即便有垄断的限制，也总要好过没有任何产品发明的情况。在制药领域，如果不是专利制度的保护，根本不会有新药发明出来并在市场中销售，从而治愈疾病。

谢尔曼、艾伦和迈伦（Sherman，Allen and Miron，2001）也认为，如果科技劳动成果得不到保护，那么制药企业将不愿从事研发投资。虽然专利以及其他包括商标、版权等合法保护手段会造成垄断，不符合公众利益，但是如果允许其他企业任意模仿，则会影响到制药企业在研发上的投资积极性。

泰勒和希伯斯顿（Taylor and Silberston，1973）选择了27家企业作为研究样本，发现制药企业大约60%的新产品研发依赖于专利保护，远高于化学行业（15%），机械工程（5%）和电子行业（可忽略）。

曼斯菲尔德、施瓦兹和瓦格纳（Mansfield，Schwartz and Wagner，1981）也有类似的研究结论，他们选择48种新发明产品数据作为样本分析，发现制药企业这一数字为90%，仍然远高于化学行业（20%）和其他行业。

不过鲁和科曼诺（Lu and Comanor，1998）在他们的研究中表示，药物专利保护并不必然能够使制药企业摆脱自由市场竞争，因为在有些专利中，名义上的新药也许实际上只不过在化学成分方面有所创新，而并非体现在治疗方面。换言之，新药能够申请专利，有时候是化学成分上与已有药物存在着差异，但在可治疗疾病方面也许与已有药物是一样的。在这种前提下，专利保护并不必然会保证形成垄断地位。

以上学者的研究主要指出，虽然药物专利保护会形成垄断，影响市场自由竞争而导致争议，但是总体而言，专利在有效激励制药企业的研发创新行为时，还是起到了显著作用的。因为这对制药产业资本意味着所有的投入是否能够获取期望的投资回报，从而进一步给制药业的长远发展和繁荣带来深远影响。很多研究者指出，专利保护使先入者占有了垄断地位，并且这种垄断的市场份额甚至会保持到专利期后。

詹姆斯和弗朗西斯（James and Francis，1985）通过对加拿大医药市场的研究表明专利保护限制了竞争，即便采取了强制认证措施，有效缓解了专利保护障碍，但专利期后，先入者仍然比后进入市场的企业更有优势，因为对于医药产品而言，对于已知商标的认可明显延长了实际的垄断期。

董、维拉德、斯蒂芬和罗纳德（Dong，Willard，Stephen and Ronald，2000）等研究者表示专利保护作为一种制度设计，有效地避免了创新为主的制药企业陷入完全基于价格的竞争，这有利于补偿药物研发创新过程中产生的沉没成本。因此在缺乏市场竞争的环境中，药物的市场价格会位于产品的边际成本之上，所以研究者们对在专利期届满之后，药物价格受到的影响问题进行了分析。总体而言，在专利保护到期之后，市场中药物的平均销售价格会持续降低，消费者能够从中获益。

因此，在专利保护与制药企业盈利能力问题上，研究者大多给出了相近的结论。但是，从国家或者产业宏观面来看，制药业的专利保护同时还有经济和伦理问题。

米歇尔和戴维（Michele and David，2008）在《反知识垄断》（*Against Intellectual Monopoly*）一书中表示，在一个关于不同产业的调查报告中显示，唯有制药业，在新产品进入市场的过程中，专利保护制度形成的财产权利限制起到了非常重要的作用。对于专利保护制度所发挥的这种作用，他们同时分别从正反两个方面做了分析，认为尽管专利保护制度能够支持制药企业的市场地位，提高其获利能力，但这种支持却很可能会阻碍整个制药业未来的长远发展。

萨哈、格拉博夫斯基、伯恩鲍姆和格林伯格（Saha，Grabowski，Birnbaum and Greenberg，2006）研究表明在高收入国家，有证据表明当前的专利制度增加了消费者用药成本。阿特兰（Attaran，2004）、理查德和蒂娜等（Richard and Tina et al.，2007）等发现在中低收入国家，由于用药受制于专利权，现行的专利制度使得用药更加昂贵并且给新药创新机制造成困难。

莫兰、罗巴斯和古兹曼等（Moran，Ropars and Guzman et al.，2005）研究者认为以专利作为一个经济诱因来鼓励制药企业为低收入者研发药物的作用有限，因为最终政府和病人都不愿承担研发支出，这样的药物市场将不会存在。因此，霍普（Hope. J，2008），穆诺斯和陈（Munos and Chin，2009）等认为应重新考虑目前这种商业模式主导的专利制度安排，促进医药创新。

关于药物专利保护问题，国内学者一般认为这种制度设计对专利持有者的财产权利确实可以起到有效的保护作用，并且使他们从中获取收益，但是这种制度设计也不可避免地妨碍了公众健康目标的实现，最为直接的表现就是市场中的专利药物价格过高影响了药物的可及性，相关的争论也主要体现在关于这种冲突的协调上。

姚维保（2003）认为公益与私利的博弈、知识产权保护与公共健康的冲突由来已久。药物的专利保护为发达国家制药公司提供了合法的垄断利益，却严重损害了发展中成员国获取急需的、必不可缺的廉价药物的权利。专利药物平行进口是对专利权的限制，但这一限制是为了维护社会公共健康，达到专利权人和社会公众利益的平衡。

陈欣和刘勇（2006）研究认为专利保护使制药企业可以对专利药进行有效的生产、销售及定价垄断。专利药价格往往因为专利权人追求高额利润而过于高昂。我国面临专利药价格过高的问题，影响了我国消费者对专利药的获取，并阻碍了我国公共健康水平的提高。为此，应采取考虑在必要时实施强制许可制度，合理进行专利药平行进口，积极鼓励自主创新，引入专利药竞争机制。

李丹和马爱霞（2008）在分析我国药物专利制度和现阶段我国专利药管理价格政策的基础上，提出了我国专利药价格管理中存在的问题，如：专利药价格尚未形成体系，专利药的定价主要是以成本为依据等。他们认为对于专利药的定价应该以鼓励疗效好的药物为目标，建立一套衡量专利药物疗效的方法，使药物的价格可以真实地反映疗效。新上市专利药的定价，应采用药物经济学方法评价，结合新上市专利药的特点进行。

肇晖和邵荣（2008）认为对专利药价格的控制和管理，既涉及卫生政策，也涉及产业政策。从卫生政策的角度考虑，降低专利药物价格有利于提高人们对药物的有效需求，改善人们的健康状况。但从产业政策角度来看，药物归根结底还是一种商品，是医药企业的生存基础和利润来源，是研发专利药等高效产品的创新动力，因此政府在制订限价政策的时候也要兼顾专利药厂商的利益，在两者之间选择一个平衡点，力求实现企业和消费者"双赢"的结果。

王燕梅和于永春（2009）提出，制药巨头将自身的重心放到了研发和营销，这两个环节是制药业产业链中的高附加值环节和主要的利润来源。大宗原料药市场上产品差异性较小；基本生产技术的成熟和普及也已经使技术无法构成进入壁垒；充裕的资本供给也使资本规模越来越失去抵挡潜在进入者的作用。存在规模经济和较低进入壁垒的中国化学原料药产业，被动承接了国际纵向分工下的产业转移，导致了产能过剩和低利润水平。

葛锐和尹爱田（2013）认为药物专利保护能够有效地激励科技创新，然而，专利保护对于药物可及性的影响十分明显，两者的冲突只能进一步协调而不可能完全消失。在一个合理的专利制度体系下，会不断激励药物研发创新、改善人类生活质量。国家药物政策的一个重要作用就是通过协调机制增强药物的可及性。

张妍和魏江（2016）认为我国少数本土医药制造企业在没有品牌、缺乏政府保护和市场优先权的劣势下，逐渐成为医药制造行业中研发与创新活动的主体，它们为了生存和发展，通过选择合作伙伴共同开展研发活动，成功实现了从完全模仿的低端仿制药到首仿药和 ME-TOO 药开发、最后自主创新地推出国家级甚至国际级创新药物，最终实现了创新绩效的提升。

除了药物专利制度和药物可及性的问题，研究者还特别注意了专利药与仿制药问题的研究。这种研究固然反映了我国在仿制药生产和销售领域的快速发展状况，但也从另外的角度表明中国制药业的研发创新能力不足。这里有一些历史原因，解放初期，在当时特定的政治形势和经济环境下，中国实行的是以大量仿制国外药物为主的生产模式。嵇汝运（1989）指出在对外开放之后，因为必须遵守巴黎公约，所以仿制生产国外药物发展模式不能再继续下去了，从而必须考虑研发新药问题。

这一认识在经历十多年之后，实践中却并没有实质性的变化。王巍（2002）分析了我国仿制医药工业的历史和现状，指出我国医药创新的能力弱，因此仿创结合比较可行，而且仿制可能在今后还将持续。此外，仿制药符合我国国情的需要，依法合理仿制是加快我国医药工业发展的捷径，仿创结合是加快创新的重要方式。

巩伟（2004）认为仿制国外专利已到期的药物是中国医药经济发展必修的一课。仿制并非是我国医药企业低水平重复建设的源头，低水平、低质量的价格竞争才是造成我国制药企业举步维艰的真正元凶。他从仿制的必要性和如何提升仿制产品的层次两个方面进行了论证，驳斥了行业内认为应该遏止仿制药物发展的观点。

郑永锋（2006）则认为医药企业的发展在很大程度上依赖于知识

产权保护，而药物仿制与知识产权保护是医药企业不可回避的一对矛盾。药物研发技术市场的低水平仿制现象泛滥，影响了企业的创新积极性。低水平重复产品充斥药物市场导致价格的恶性竞争极大地影响了医药企业的创新积极性。

徐国雄（2009）则提出医改新政下，品牌仿制药大有可为。尽管医药市场充满变数，但新医改方案与基本药物目录将拉动医药市场放量，进一步扩大仿制药的发展空间，医药流通企业的市场容量也会逐渐提高。医改新政不仅有利于 90% 以上以仿制药为主的国内药企发展，而且有利于对加大全民医保投入，提升仿制药使用比例的政府宏观政策导向的执行。

胡颖廉（2011）从监管者目标、产业利益和公共健康三个维度构建中国新药审批影响因素的分析框架。研究认为，产业对国家药监局的影响集中在仿制药生产审批领域，这是阻碍我国药品安全监管和医药产业结构提升的主要原因。

丁锦希、白庚亮和王颖玮等（2012）分析了美国首仿药数据保护制度，评价美国首仿药 180d 市场独占期数据保护制度的设立初衷、相关制度与申请程序。认为首仿药数据保护制度有利于加快仿制药的上市速度，降低药品价格，保障药品的可及性。美国首仿药数据制度在激励创新与促进药品可及性之间建立了有效平衡，值得我国借鉴。

黎东生和胡洁怡（2015）基于价格差异模型分析了原研药和仿制药价格差异，认为导致原研药和仿制药价格差异大的原因是多方面的，可以通过建立科学的药效评价机制和原研药动态价格调控机制、给予原研药价格一定的指导价和市场价空间等措施来合理确定原研药和仿制药价格差异。

由于对非专利药物的仿制是一种比较安全、低成本方法，并且非专利药物可以节省个人医疗费用、减少政府和医疗保险机构的压力，出于发展本国制药业、建设与维持药物供应保障体系的考虑，仿制药也受到一定程度的政策鼓励。较为普遍的观点则是，仿制药无论是对经济目标还是对社会目标，都有其积极意义，但一个国家的制药业发展不能完全依靠仿制药，必须走自主创新的道路。

2.5 综 述

从研究内容上来看，这些研究的经济问题核心都指向制药业是否存在竞争或者垄断，制药企业是否具有市场竞争力，药物价格对于制药企业的收益及其创新能力的影响；政策问题核心则是讨论药物价格是否过高、政府的价格管制应当如何展开以及专利制度是否合理以及应当如何设计等问题。

从研究方法上来看，国外学者较多地使用了数理模型推导和实证分析，而国内学者的早期研究更多地倾向于文字描述和规范研究，不过实证研究在近 5 年来的文献中也逐渐见多。

从研究角度上来看国外学者主要先关注药物政策或者卫生政策的经济含义、后果及其表现，然后再返回头来分析其作为公共政策的相关问题。与此相反，国内学者对包括药物政策在内的卫生政策领域相关问题的研究上更多的是从公共政策角度而不是经济角度来分析。

从研究关注点来看，国内外学者在同样或者类似问题上的关注点存在差异，国外学者更多地关注微观层面、机制研究和企业行为，关注市场要多于关注政府，一般是从市场推论至政府，而国内学者则多注重宏观层面、政策研究和产业分析，关注政府多于关注市场，更多地提出政府应该如何。

如威廉·S. 科曼诺（William S. Comanor）所言，上述所有的争论并不仅限于经济学文献中的一个狭小范围，在实际研究中能够发现，这一领域内研究的问题众多，颇似"暗夜行舟"（ships in the night）。虽然政策问题争论的焦点可能不同，但是根本的问题是一样的，即消费者利益（低价、安全、有效的药物）和制药产业资本诉求之间的矛盾。关于这一问题，尚无令人满意的答案。国内外现有的文献研究似乎都忽略了这样一点：所有的市场行为只不过是产业资本诉求的外部表现。从根本来看，这是产业资本以制药企业为载体，充分利用国家药物政策寻求资本增值。因此，这些争论并未对以下问题进行系统研究：

（1）制药产业资本如何或者是否以制药企业为载体，利用国家药物政策进行融投资决策，以满足其增值诉求。

（2）国家药物政策的制订与实施是否存在经济后果，以及如何在产业层面（市场结构）、企业层面（研发创新）和制度层面（专利制度）上影响制药企业价值，而由此引发产业资本对国家药物政策的关注。

（3）国家药物政策应如何兼顾经济发展和卫生服务双重目标，政策设计能否在资本效率与社会公平之间达成某种均衡。

系统地回答这些问题能够使国家药物政策的研究与制订得以在跨部门、跨领域的视域内展开研究，理论上能够丰富和完善国家药物政策的研究与制订，实践上能够引导产业资本投资行为，促进国家制药业发展，更好地保障民生、促进公共健康水平不断提高。

第3章 理论基础

3.1 经济利益、制度安排与国家药物政策

3.1.1 市场价值不同于道德或者伦理价值

经济理论的一个重要意义就在于理解、解释和预测经济环境的本质及其范围。而经济环境本身与制度环境及制度变迁密切相关，因为经济环境是由社会中的制度安排决定的。

从纯粹的经济学和效率意义上来看，寻找一条正确的政策路线相对明确，那就是按照经济效率的要求展开行动——除非有不可克服的困难。但在有些时候，需要考虑一些特殊的情况，比如在药物的可及性中应考虑特殊的地区，或者特定的人群等，此时所遵循的并不完全是效率路线，而必须考虑公平性问题，其背后则是经济伦理问题。

作为一门社会科学，经济学也许比其他任何一门学科都更适合对集体决策和个人行为及其利益后果进行缜密、细致和深入的研究，然而基于经济学理论的公共政策研究也必定因此充满了挑战和挫折：不仅公共政策的制订过程并不一定符合人们的预期，而且其实施结果也经常如此。通常，我们期望公共政策的制订及其实施能够受到预期效果要求的支配——这里的效果不仅仅指单纯的经济效率，更重要的是包含了利益分配的公平性要求，但在有些情况下甚至是大多数情况下，对于迎合或者追求某些特殊利益的人或者集体而言，这种寻求预期效果的行动明显被摒弃了。

　　所以，在很多情况下，市场所认可的价值与大多数人认可的道德或者伦理价值相去甚远。例如，依氟鸟氨酸（Eflornithine）对于昏睡病疗效显著，在南部非洲有成千上万的人患有此病，通常他们都非常贫穷，而合成这种药物则非常昂贵，因此生产这种药无利可图。直到1999年，依氟鸟氨酸都是由安内特（Aventis）公司的美国分公司生产，但当发现这种药物对其预期目标（治疗癌症）无效的时候，安内特公司停止生产这种成本昂贵的药物，并将其生产许可转交给世界卫生组织。2001年初，世界卫生组织找到一家愿意生产这种药物的制药公司，但该公司愿意生产该药物的原因在于它可以作为去除面部毛发的产品推广到其他国家而获利。此时，依据市场标准，依氟鸟氨酸是有价值的，因为它可以去除面部毛发，但作为治疗昏睡病的药物，它是无利可图的。

　　并不仅仅是在孤儿药（Orphan Drug）上这样，以下例子也说明制药产业资本寻求的是增值，而非崇高的道德目标。例如，出于利润过低的考虑，制药企业一般会调整产品结构，不再继续生产那些廉价药品，而是转为生产和销售利润更高的药物，从而导致一些临床必需的药物出现供应短缺，直接影响到患者的健康甚至生命。表3-1显示的是2006年3~10月，对新疆、内蒙古、沈阳、西安、北京、重庆、唐山、杭州、天津、青海、广州等省市42家卫生服务机构药物短缺状况的调查结果。

表3-1　　　国内11省市42家医院短缺药品表（按药理分类排序）

序号	药品种类	短缺品种数量（个）	占短缺药品比例（%）
1	心血管系统用药	43	10.51
2	内分泌系统用药	37	9.5
3	神经系统用药	36	8.8
4	抗感染药物	30	7.33
5	血液系统用药	27	6.6
6	解毒药	22	5.38
7	消化系统用药	21	5.13
8	眼科用药	20	4.89
9	中成药	18	4.4

续表

序号	药品种类	短缺品种数量（个）	占短缺药品比例（%）
10	其他	18	4.4
11	抗肿瘤	17	4.16
12	解热镇痛抗炎及抗风湿药	12	2.93
13	皮肤科用药	12	2.93
14	生物制品	11	2.69
15	麻醉药及麻醉辅助用药	10	2.44
16	呼吸系统用药	9	2.2
17	抗过敏药	9	2.2
18	维生素、矿物质与微量元素	9	2.2
19	X线造影与诊断用药	8	1.96
20	泌尿系统用药	7	1.71
21	糖、盐与酸碱平衡调节药	7	1.71
22	抗寄生虫药	6	1.47
23	妇产科用药	5	1.22
24	精神药物	4	0.98
25	口腔科用药	4	0.98
26	消毒防腐药	3	0.73
27	免疫调节药	2	0.49
28	耳鼻喉科用药	1	0.24
29	儿科用药	1	0.24
	合计	409	100

资料来源：赵志刚、朱乐婷、王莉文：《全国11省市42家医院临床应用药品供应短缺现状调研分析》，载于《中国医院药学杂志》2008年第28卷第1期。

在已查明短缺缘由的146种药物中，有70种药物是由于生产亏损的原因而导致供应短缺，占所有短缺品种的48%；另外还有24种药物则是因为生产成本过高和利润太低而导致供应短缺，占所有短缺品种的16%；以上合计占总数的64%之多。事实上，这种情况在过去的十年间一直如此，《河南商报》的一篇报道指出，据不完全统计，自2004年至 2013 年，有媒体报道的、因为廉价而断货的药物就有 10 种，全国短缺廉价药物 342 种（见表 3 - 2）。

表 3 - 2　　　因断货而见诸报端的 10 种廉价药（2004 ~ 2013 年）

药名	治疗病症	价格	断货时间
维脑路通片	血栓静脉炎	8 元/100 片	2004 年
麦角新碱注射液	妇科止血	0.42 元/支	2005 年
注射用回苏灵	呼吸衰竭	2 元/支	2006 年
简装氯霉素眼药水	眼部感染	0.3 元/支	2006 年
西地兰	心血管病	3 元/支	2009 年
注射用红霉素	儿童肺炎	2 元/支	2010 年
牙周宁片	牙周病	2 元/100 片	2010 年
鱼精蛋白	心脏外科	11 元/支	2011 年
盐酸环丙沙星胶囊	泌尿生殖系统感染	6 元/20 粒	2012 年
他巴唑	甲亢	2 元/100 片	2013 年

资料来源：王杰：《媒体盘点 10 种消失廉价药　全国短缺廉价药 342 种》，载于《河南商报》2013 年 12 月 28 日。

可见，直接寄希望于制药产业资本以道德假设，显然属于是非理性的，市场价值与伦理道德是存在显著差异的。认识到这一点的关键意义在于，我们研究、制订和实施国家药物政策时，必须理性地想到，虽然国家药物政策应当蕴含着社会公众认可的道德、伦理、公平等观念，但是这并不意味着具体到实际的制订与实施也必定如此。事实上，这更多地表现为一次次重复的冲突与博弈，在这样的博弈过程中，不同的利益相关者之间甚至会从根本上存在着价值认知差异，这些都需要研究、制订和实施时综合考虑。

3.1.2　国家药物政策是经济利益促成的制度变迁

根据帕累托原理，当事物处于最优状态时，任何变迁都会导致效率的损失；或者也可以说如果没有处于最优，那么必定会引发变迁，因为存在着进一步优化配置的可能。产权学派认为：自由的个体寻求其财富的最大化，他们能够对恰当的激励做出回应，而且能够选择以有利自己的方式管理他们的财产权利。这是市场得以有效率运行的唯一条件。引发制度变迁的行为必然涉及了很多既得利益群体的反应，但这也并不意味着这种制度变迁必定会是剧烈的过程（甚至是革命性的），而经常更容易表现为一个渐变的过程。因为后者破坏性较小，更容易在新的经济利益催化下，缓慢地完成这一制度变迁过程。一种新的制度形式，或者说这个变迁过程究竟付出多少代价，才能被社会所接受呢？这还要看既得利益群体是什么样的权力结构模式。

不管是在什么社会，它的经济与制度环境总会处于一种保持持续的变化。仅以本研究感兴趣的领域为例：伴随着人口的持续增长、各种新型疾病不断涌现、消费者偏好和行为不断变化，各个国家也在不断调整和修订其药物政策等。在所有变化的背后，我们通常都能直接或间接地发现经济利益的分配逻辑。国家药物政策同时具备公共政策和产业政策的双重属性，作为一种制度设计，它的制订与实施肯定要涉及诸多利益相关者的利益，对于制药产业资本而言，最关注的就是经济利益，它会在国家药物政策从制订到实施的每一个环节上探寻使其经济利益最大化的可能。所以国家药物政策中所涉及的经济目标，以及实施这一政策可能存在的经济后果自然成为其关注的重点。

3.2 利益相关者、企业价值诉求与国家药物政策

3.2.1 国家药物政策中的利益相关者

这里借助了管理学中关于利益相关者的概念。1984 年，弗里曼在《战略管理：利益相关者方法》一书中，明确提出了利益相关者管理理论。利益相关者理论是指组织的经营管理者为综合平衡各个利益相关者的利益要求而进行的管理活动。该理论认为组织的发展都离不开各利益相关者的投入或参与，组织追求的是利益相关者的整体利益，而不仅仅是某些主体的利益。因此，管理学意义上的利益相关者是组

织外部环境中受组织决策和行动影响的任何相关者。利益相关者能够影响组织，他们的意见一定要作为决策时需要考虑的因素。但是，所有利益相关者不可能对所有问题保持一致意见，其中一些群体要比另一些群体的影响力更大，这使如何平衡各方利益成为决策时需要考虑的关键问题。

国家药物政策中的利益相关者主要是指在国家药物政策影响范围内的各类特定主体，如图 3-1 给出了国家药物政策的利益相关者，包括：生产者（如制药企业）、处方者（如医生）、调配者（如药剂师）、支付方（如保险公司）、消费者（如患者）、管制者（如政府）以及其他（如新闻媒体、协会组织、科研机构、重要人物）等。

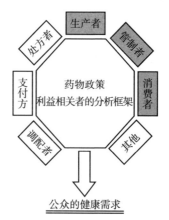

图 3-1　国家药物政策中的利益相关者

国家药物政策的终极目标应当是服务于公众的健康需求，要实现这个目标，需要这些利益相关者的共同努力，他们在各自的领域内扮演着重要的角色，他们各自的利益因政策不同而存在差异，他们的意见应当且必须作为药物政策决策时需要考虑的因素。由于所有的利益相关者不可能对所有问题达成一致，不同群体的影响力又有差异，因此，如何平衡各方利益是药物政策制订需要考虑的关键问题。认清他们各自的责任及其利益诉求，是制订和实施国家药物政策的重要前提。

制药企业作为产业资本寻求价值增值的利益载体，其利益诉求相对单一，就是寻求现有制度框架下的经济利益最大化。但是，药物是特殊的商品，在安全性和有效性方面有严格的要求，此外药物的价格高低也直接影响到其可及性。因此，制药企业决不能把经济利益作为唯一目标，这就间接赋予了产业资本以下几项重要的社会责任：

一是恪守商业伦理道德，生产质量合格的药物，满足公众健康需求；

二是遵守合理定价原则，制订合理的药物价格，降低国民卫生费用；

三是积极投入新药研发，持续地研制创新药物，提升公众健康质量。

3.2.2 国家药物政策的社会目标与经济目标

一个合理设计的国家药物政策体系应当最大限度地让人民受益。国家药物政策是一个综合框架，其中每一个构成要素都在达成一个或多个总体目标上发挥重要作用。表3-3给出了国家药物政策的构成要素及其与三个主要政策目标——可及性、质量和合理使用的关系。

表3-3　　　国家药物政策的构成要素与主要政策目标的关系

构成要素	主要政策目标		
	可及性	质量	合理使用
基本药物遴选	×	（×）	×
可负担性	×		
药物筹资	×		
供应系统	×		（×）
规制及质量保证		×	×
合理使用			×
研究	×	×	×
人力资源	×	×	×
监测和评估	×	×	×

注：×表示直接相关；（×）表示间接相关。
资料来源：WHO. How to develop and implement a national drug policy, Second edition.

国家药物政策的总体目标是确保可获得性，质量保证和合理使用，国家药物政策的具体目标则需要依据国家的经济状况、卫生政策以及政府确定的政治优先领域。因此，国家药物政策首先是一项公共政策，主要目标是解决社会公正问题。另外，国家药物政策还是一项产业政策，除了与卫生相关的目标，它会附加经济目的。

国家药物政策的社会目标（主要目标）应当是：一方面，应当在质上确保药物安全、有效和合理用药；另一方面，还要在量上确保药物供应充足。同时，应当努力让最广泛的人群能够受益，公平和充分享有基本健康权。此时，国家药物政策是作为一项公共政策被理解并执行的。

国家药物政策的经济目标（附加目标）应当是：持续发展国家制药业，创造就业岗位，不断提高经济收入（国家和个人）。此时，国家药物政策是作为一项产业政策被理解并执行的。

从本质上来看，产业资本的本性决定了它并不关心国家药物政策社会目标是什么，国家药物政策的经济目标才是产业资本最为关注的，制药企业是产业资本寻求价值增值的一个重要载体。然而，问题的关键在于，国家药物政策作为公共政策和产业政策的双重属性并不是截然分开的，并且，从很大程度上讲，国家药物政策的经济目标是服务于其社会目标的。因此，虽然对制药企业而言，经济利益才是其关注的最根本利益，社会责任只是其从长远考虑和公众期望的角度附加的一个次要目标，但是它的经济诉求与社会责任也是不可分割的。产业资本与国家药物政策在这个问题上呈现出一种图 3-2 所示的一种循环对应关系。

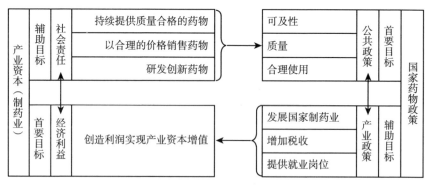

图 3-2　产业资本的目标与国家药物政策的目标

因此，在这个问题上，必须彻底摒弃人为分割公共政策和产业政策的做法，建立一种对话机制，着力构建协调社会目标和经济目标的国家药物政策。这种描述也有利于进一步理解本研究选择制药业和制药企业作为研究对象的意义所在。

3.3 制药业政治经济学与国家药物政策

3.3.1 制药业政治经济学

1. 政治经济学：一个简要回顾

政治与经济领域的相互联系与制约，是社会历史的客观存在。在西方，自古希腊时期就形成了"政治学"和"经济学"两大独立学科。"政治"（politics）一词，源自希腊语的 politikos，有"社会的""国家的""城市的"等多种意思。"经济"（economy）一词，源自希腊语的 oikonomia，原意是"家庭行政""家庭经营"。

法国重商主义者安·德·蒙克莱田（Antoine de Montchrétien）在 1615 年出版的《献给国王和王太后的政治经济学》一书中首先使用了"政治经济学"一词。卢梭（Jean – Jacques Rousseau）在 1775 年为法国《百科全书》撰写了"政治经济学"条目，把政治经济学和家庭经济区分开来。

进入 17 世纪中期之后，资本主义在欧洲兴起，以亚当·斯密（Adam Smith）和大卫·李嘉图（David Ricardo）为代表人物的古典政治经济学研究者们开始从理论上关注生产、分配和交换的规律，以论证资本主义生产模式的优越，他们把研究的目光投向生产和社会再生产过程。此后，政治经济学作为一门独立的科学逐渐形成，并发展成为专门研究经济现象和经济过程规律的理论科学。但古典政治经济学以及此后的马克思主义政治经济学都包含了明显的意识形态色彩。

18 世纪和 19 世纪的政治经济学在研究方向上是相反的，但都关注了经济管理问题，主要关心如何指导经济，增加国家的财富。直至 20

世纪上半叶，政治学与经济学各自的研究基本是分割的，研究者普遍认为国家和市场是按照而且也应该按照各自不同的逻辑来运行，因而政治学集中于法制和政府机构，而经济学则着重于个人和企业行为。

第二次世界大战结束后，国家政策对经济的干预和影响逐渐引起了世界各国的重视，研究者们关注经济政策的政治逻辑以及政治因素的经济后果。20世纪40年代，凯恩斯主义慢慢占据西方主流经济学研究的视野，政治经济学研究逐渐复苏，国家、政治和政府再次引起研究者们的关注，经济学界开始关注国家和社会整体的政治问题。差不多是在同一时期，福利经济学也起到了重要的推动作用：它研究的是怎样实现均衡条件下的资源最优配置问题，从全局的角度来对经济进行评价。此外，20世纪30年代以康芒斯（John R. Commons）和凡勃仑（Thorstein B. Veblen）等人为代表并逐渐兴起的制度经济学也引发了关注。因此，自凯恩斯以后，国家、政治、政策等问题在经济学中的研究已经无法回避。

当代西方学术发展的一个重要趋势是学科融合与交叉——比如，社会科学中政治学、社会学、经济学等相互融合——有一些经济学家开始关注政治问题，进入以往政治学的研究领域。大量著名经济学家如哈耶克（Hayek）、布坎南（Buchanan）、加尔布雷思（Galbraith）、诺德豪斯（Nordhaus）、科斯（Coase）、弗里德曼（Friedman）、德姆塞茨（Demsetz）等，他们从多个角度提出和论证了各种观点，经济学与政治学逐渐走到了一起，伴随着各种思想的碰撞、交叉和融合逐渐形成了具有显著的经济学和政治学交叉特征的新政治经济学。

新的政治经济学与旧的政治经济学既有联系，也有区别，但两者的区别是最主要的。戴维·米勒和韦农·波格丹诺（1987）在《布莱克维尔政治学百科全书》中用"政治的经济学"（Political Economics）一词来与传统的"政治经济学""政治经济学"（Political Economy）进行区分。他们认为："政治的经济学的重点在于试图解释总体的经济政策中政治和经济力量之间的相互作用……"政治的经济学"……使用现代统计和计量经济学的技术来检验有关经济和政治组织相互作用的假设。鉴于它用数据来提供相互对立的假设，它几乎完全摆脱了同传统的术语——政治经济学相联系的意识形态色彩。"它的主要研究对象有二：其一，政治因素在经济政策的形成中怎样发挥作用；其二，经济状态影响政府的声望的方式是怎样的。

2. 制药业的政治经济学：威廉·S. 科曼诺（William S. Comanor）的研究

波格丹诺和米勒关于政治经济学的描述符合我们对于经济学在国家药物政策研究中发挥作用的期望。美国学者威廉·S. 科曼诺于 1986 年 9 月在经济学文献期刊发表文章《制药业政治经济学》（*The Political Economy of the Pharmaceutical Industry*），系统地回顾了制药业相关的经济与政策问题研究。在其文章一开始，科曼诺就指出：

"经济学是一门实践性科学。它从一开始是一门独立的学科，不过现在已经触及当今主要的政策问题。它的那些引起相关从业者兴趣的问题往往使得政府官员们面临一些关键选择……现代关于制药业经济学的文献也不例外。"

科曼诺指出制药产业之所以存在很多争议，主要矛盾都是来自利润和价格这两个方面。这一领域早期的类似问题和争论主要是做了一些评价性的解释，研究文献显示，这些内容包括：制药产业在研发创新上做出的努力，究竟是令社会从中受益，还是并非如此；这个产业的市场模式究竟是自由竞争还是垄断的等。科曼诺表示，他的主要目标是要考虑各种群体以及诸多立场的一致和不同。在他的研究中既从宏观的角度描述了政策争论和经济研究的相互关系，也从微观的角度描述了制药产业的具体行为及表现特征。

从其所持有的整体性、全局性观点以及研究中的非意识形态内容来看，科曼诺的研究应该是指制药业"政治的经济学"，不过由于他的这一研究（1986）早于戴维·米勒和韦农·波格丹诺的《布莱克维尔政治学百科全书》（1987），因此，仍然沿用了"政治经济学"（Political Economy）而不是"政治的经济学"（Political Economics）以表示其真实意图。值得注意的是，他的这一研究还包含了卫生经济学家亨利·格拉博夫斯基（Henry Grabowski）、霍兰德·亨特（Holland Hunter）以及罗杰·诺尔（Roger Noll）等人的意见和建议。

3.3.2 科曼诺的制药业政治经济学分析框架

威廉·S. 科曼诺研究的分析框架如表 3-4 所示。

表 3 - 4   制药业政治经济学——威廉·S. 科曼诺
（William S. Comanor）的研究框架

1. 竞争还是垄断 Competition or Monopoly	（1）作为垄断指标的利润率 Profit Rates as an Index of Monopoly （2）产品竞争 Products Competition （3）制药业价格行为 Pharmaceutical Price Behavior
2. 研发 Research and Development	（1）研究支出的决定因素 The Determinants of Research expenditures （2）研发中的规模经济 Scale Economies in Reasearch and Development （3）研发的成本和回报 The Costs and Returns from R&D
3. 广告和促销 Advertising and Promotion	（1）产业广告支出量 The Vol of Industry Outlays （2）对竞争的影响 Impact on Competition （3）对制药信息的作用 Effect on Pharmaceutical Information
4. 政府规制的影响 The Impact of Regulation	（1）政府专利政策 Government Patent Policy （2）日益强化的 FDA 监管 Increased FDA Scrutiny （3）国际性药物滞后 The International Drug Lag （4）对价格和市场份额的影响 Effects on Prices and Market Shares （5）规制的成本和收益 The Costs and Benefits of Regulation
5. 未来的问题 The Issues Ahead	（1）制药研发的社会性收益 Social Returns from Pharmaceutical Research （2）政策问题和经济研究 Policy Isss and Economic Research

资料来源：根据 William S. Comanor. The Political Economy of the Pharmaceutical Industry 整理。

威廉·S. 科曼诺所提出的整体性、全局性的分析框架显然有其积极意义。因为药物政策首先是公共政策，其次才是产业政策。一方面要控制药物费用增长，改善国民健康水平，另一方面还要鼓励资本投资，推动医药产业发展，这是国家药物政策需要不断权衡的两个方面。研究者和决策者必须清楚地意识到，药物政策问题的解决必须有资本参与，政策制订的过程中必须考虑资本的增值诉求以及制药企业作为实现这一诉求的载体的意义。

3.3.3 制药产业经济学与政策：斯图尔特·O. 施韦策（Stuart O. Schweitzer）的研究

关于制药产业的经济学问题，斯图尔特·O. 施韦策（Stuart O. Schweiter, 2007）更为详尽和综合地给出了分析框架，如表 3 - 5 所示。在施韦策的《制药业经济学与政策（第二版）》（*Pharmaceutical Econ-*

nomies and Policy,2nd Edition) 一书中这样写道：

"一方面，使用药物为提高医疗卫生服务业的效率作出了重大贡献，此外，越来越多的人正在通过服用药物来控制慢性疾病，所以一个健康和有效的制药产业对我们来说至关重要。出于所有这些原因，制药产业在任何一个国家都会非常重要。另一方面，大多数制药公司积极的营销实践、有些药物虽经政府批准但随后被证明有危险的副作用但却不愿意从市场撤销、经常使用昂贵的药物但有证据表明旧的、不太昂贵的产品同样有效等，这样一些事实导致以下的结论，即：医药业本身是病态的，需要给予认真地'治疗'。"

表3-5　　　制药业经济学与政策——斯图尔特·O. 施韦策
（**Stuart O. Schweiter**）的研究框架

1. 产业 Industry	（1）医药制造业 The Pharmaceutical Industry （2）生物制药业 The Biotechnology Industry （3）其他类型 Other Firms in The Pharmaceutical Industry （4）医药市场营销 Marketing Pharmaceutical
2. 消费者 The Consumer	医药需求 The Demand for Pharmaceuticals
3. 市场 The Market	（1）医药定价 The Pharmaceutical Prices （2）世界医药市场 The Worldwide Market for Pharmaceuticals （3）全球药物定价 Pricing Pharmaceutical in a World Environment （4）药物许可时间 The Timing for Drug Approvals
4. 医药市场干预：公共的和私人的 Intervention in the Pharmaceutical Market：Public and Private	（1）药物监管和成本控制 Pharmaceutical Regulation and Cost Containment （2）私人部门的监管 Regulation by Private Sector （3）欧洲药物监管 Pharmaceutical Regulation in Europe （4）专利保护 Patent Protection （5）补充和替代药物 Complementary and Alternative Medicines （6）药物和健康政策展望 Pharmaceutical and Health Policy：a look ahead

资料来源：根据 Stuart O. Schweiter. The Pharmaceutical Economics and Policy 整理。

斯图尔特·O. 施韦策同时还指出，尽管药物经济学与政策议题经常在学术界和政策界讨论，但是关于整个行业的综合考虑是极为少见的。这是一个特别严重的问题，因为卫生保健系统是复杂的，各个组件之间相互影响，对于其中某一部分产生影响的政策通常也会对其他部分产生影响，所以，善意的医疗改革，经常可能反而导致严重的、意想不到的后果。因此在他的研究中，通过一个综合的经济框架来分别研究药物市场的供给方和需求方，以及试图改变这些市场各方的行为与政策。他认为："在本书中遇到的问题，没有简单的解决方案，因为经常有冲突的利益和目标。困难的问题并不意味着解决方案不存在，但必须考虑和权衡政策方案的影响权重。"

这一表述也符合本研究的基本认识，虽然我们肯定药物政策所具备的公共政策属性，并了解国家药物政策要维护公共健康和控制药物支出，但同时我们也强调国家药物政策同样具备产业政策的特征，恰当的政策行为有助于推动国家制药业发展。以上两点是国家药物政策制订和实施过程中需要反复权衡的方面。并且这一过程不可避免地需要资本的参与，无论是决策者、执行者或者研究者，都应保持清醒的认识，产业资本的增值诉求是要予以考虑的。

在威廉·S. 科曼诺和斯图尔特·O. 施韦策研究框架的基础上，本研究以制药企业为主要对象，在后文将分别从市场结构、研发创新和专利制度三个与产业资本增值诉求密切相关的领域来观察和分析国家药物政策对于制药企业价值的意义。

3.4　制药企业价值与国家药物政策

3.4.1　企业价值的内涵

企业价值不断增长是现代企业经营活动的基本目标，在全球资本市场日益活跃的情况下，对于企业价值的准确把握有利于产业资本迅速并准确地参与到财富创造与增长的过程中。

1. 企业

在微观经济学中是从投入/产出的角度来研究生产者的，厂商理论通过假定组织制度、经营环境等一系列因素给定的条件下生产者如何进行决策，实现利润最大化，这就是新古典经济学的企业理论。这种分析是建立在信息完备、完全竞争、零交易费用和完全理性等基本假设之上的。这种研究体现的是企业的一般属性，因为它主要是从投入、生产和产出的角度来研究企业，即把企业视作一个资源转化的生产性组织，能够实现资源的转化表明企业具有价值。

在现代制度经济学中则是首先把企业描述为一系列市场参与者的契约关系，企业存在的主要意义在于这种组织形式以一束契约代替了多个契约以降低代理成本，契约的参与者有股东、债权人、员工、客户、社会、政府等。基于契约的考虑，企业的责任就不仅仅限于为股东负责的利润目标，而同时还要承担员工、客户、环境、社会的责任，即企业社会责任（corporate social responsibility，CSR）。这种研究使企业更多地显示出社会属性，体现为各利益相关方的一个联结，它的主要功能在于根据相关规则要求达成各利益相关者的目标，这同样也表明企业具有价值。

因此，企业是既具备自然属性，又具备社会属性，两者内在统一地表述企业的价值。企业能够完成资源的转化，所以能集中各利益相关方参与到这一组织形式中，他们通过契约联结限定彼此的权利和义务，企业的价值方能体现。制药企业是产业资本寻求价值增值的一个重要载体，基于日益成熟活跃的资本市场，准确地评价与衡量企业的价值，不但利于激励产业资本积极参与财富的创造，同时也有利于国家药物政策总目标的实现。

2. 企业价值

"企业价值"是产业资本诉求的具体表现，是现代财务理论研究的一个重要概念，然而自20世纪50年代中期以来，它究竟该如何描述，到目前仍然未给出一致的定义。在经济学的研究中，企业涉及一系列资源的配置和利用，是一个关于资源投入产出产销效率的反映，它以企业的营运机制和治理机制有效运作的方式表述。企业价值有很多不同的表现形式，例如，从利益相关者立场上来看，可以体现为股东、员工、客户和社会等不同形式的价值。这些价值形式一定程度上体现了企业对利益相关者的满足度。从社会责任的立场上讲，企业的价值体现为它符合社会期望的程度；从产业资本的立场上讲，企业的价值体现为它的盈利能力。本研究中资本诉求主要就是指企业的盈利能力，它为产业资本提供了实现增值诉求的机会。

企业何以具有投资价值？因为它能给各要素的投入方带来收益，在资本市场上，这种价值是将企业视为"商品"的体现，它是以均匀的资本化份额表现的特殊商品，具有一定的价值，可以像普通商品一样按照市场规律交易，实现产权的改变，产业资本伴随着产权的改变而流动，实现价值诉求，根据传统的财务理论，可以采用利润最大化目标来描述，由此形成本研究的一个重要前提。

3.4.2 企业价值的衡量

企业价值的衡量具有一定的复杂性。

首先，企业经营活动涉及的资产要素是复杂多样的。不同类型的资产对企业的盈利能力产生不同的影响。企业的资产有很多分类标准，比如按照会计核算标准可以有固定资产、流动资产、无形资产等。这些资产在企业价值创造的过程中发挥着不同作用，企业的整体价值并不是对各个单项资产价值简单相加，而是一个有机整合。随着技术进步、制度变化和经济发展，企业的创新能力如商誉、专利和专有技术等无形资产，尤其是工业知识产权性质的无形资产正逐渐成为企业的核心资产，形成了企业的核心竞争能力，对企业价值有重要影响。

其次，企业运营过程包含很多复杂因素，充满了不确定性。就企业内部而言，企业的人力资源管理、财务活动、质量管理、战略选择和运营决策等都对企业的盈利能力产生影响。从企业的外部来说，企业是参与市场活动的主体，它的盈利能力还要受到来自行业、社会、经济、法律、政治、政策等很多方面的影响。

因此，企业价值不是一个稳定的、静态的概念，而是一个变化的、动态的内容。由于外部环境的复杂性，企业的整体价值处于不断的变化中，因此企业价值并不是一个静态的、不变的概念。但投资者在做出一项投资决策时，其所了解的企业价值只能是企业在某一时点上的价值判断。

企业价值的大小取决于其盈利能力，企业价值随其收益的变化而变化。企业价值的大小可以通过企业每一期获取收益的折现值来衡量。目前主流的企业价值评估技术——收益折现法认为：任何一个理性的投资者，他当期愿意付出的投资应当不大于（小于至多应当等于）其投资项目未来净收益流入的折现值。此时，他所承担的风险由给定的折现率表示。根据这一思想，假定企业每期有总的净收益为 TFC_i，给定的折现率为 r，收益期为 n 期，则企业当前的价值 PV 可以表示为：

$$PV = \sum_{i=1}^{n} \frac{TFC_i}{(1 + r)^i} \qquad (3-1)$$

即企业当前的价值等于未来各期净收益的折现，本研究在分析过程中遵循了这一思路，并主要通过考虑制药企业未来每一期的净收益来衡量其价值。

3.4.3 企业价值的形成过程与产业资本的运动

产业资本如何以企业为载体实现其价值诉求呢？图 3 - 3 描述了这样的一般循环模式。按照产业资本持续流动的走向和时间顺序，企业分别走过契约组合→管理过程→行业市场→资本市场共四个不同的时期，从产业资本依附于企业这一组织形式，自参与契约组合、形成企业组织开始，到最终进入资本市场，实现价值增值诉求，完成一个价值周期之后再开始新的一轮循环过程。

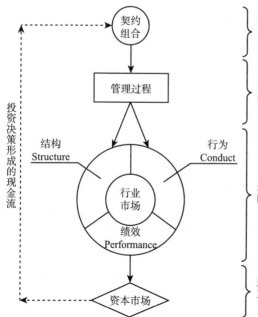

图 3 - 3　企业价值的形成过程

（1）在契约组合阶段，产业资本同其他资源在合约协商和选择的基础上，整合在一起，形成了企业。这一领域主要以诺思（D. North）、阿尔钦（A. Alchian）和科斯（R. Coase）等新制度经济学研究者为代表，主要涉及关于合约安排、交易费用和产权界定等问题的研究。

（2）在管理运营阶段，企业行使其管理职能，完成生产活动，实现资源的转化，寻求企业价值最大化。这一领域主要以普拉哈拉德（C. Prahalad）、波特（M. Porter）、哈默（M. Hammer）和拉帕波特（A. Rappaport）等管理学研究者为代表，主要涉及关于战略、财务、生产、组织和运营等问题的研究。

（3）在行业市场阶段，企业参与行业的市场竞争活动，遵循市场规律，根据市场的要求进入或者退出。这一领域主要以梅森（E. Mason）、贝恩（J. Bain）、和谢勒（Scherer）等产业经济学研究者为代表，主要涉及关于规模经济与效率、产业竞争与垄断、市场运行等问题的研究。国家药物政策对制药产业资本的影响主要体现在行业市场运行时的企业行为上。

（4）在资本市场阶段，企业以股份的形式在市场中交易，实现产业资本的增值诉求；这一领域主要以米勒（Merton Miller）、莫迪格利亚尼（Modigliani）、斯科尔斯（M. Scholes）和夏普（W. Sharpe）等金融学研究者为代表，主要涉及关于金融风险、金融工具和资产定价等问题的研究。制订与实施国家药物政策的经济效果可以观察资本市场中的异常交易变化进行验证。

3.4.4 制药企业与国家药物政策

从企业的社会属性角度分析，制药企业在国家药物政策制订和实施过程中的功能体现在以下几个方面：

（1）基本药物遴选：响应国家药物政策，参与并关注国家基本药物目录的确定及其更新，在政府确定介入的优先领域药物供应中发挥作用。

（2）可负担性：响应国家药物政策，接受并执行政府关于降低药物价格、利润率以及税收等相关政策，按照仿制政策、治疗替代、规范采购等要求参与市场竞争，协助政府实现关于可负担性、可及性的目标。

（3）药物筹资：及时足额缴纳税金，增加政府财政收入；承担社会责任，为重点疾病、贫困者和不发达地区捐赠资金或药物。

（4）供应系统：响应国家药物政策，在药物供应与流通体系中发挥作用，根据国家关于建立健全药物采购管理规范的相关规定参与公平竞争，按照国家要求公开发布原料和成品药价格信息，参与建立健全紧急状态下药物供应体系；为处理废弃或过期药物处理问题提供解决方案并实施。

（5）管制和质量保证：根据国家关于药物监督管理的相关规定审批、注册和生产药物，从制度、人员和资金上确保药物质量，按照国家相关法规要求规范药物促销推广，积极参与国家药物不良反应检测体系建设。

（6）合理使用：在推广基本药物、仿制药和合理用药概念，参与消费者合理用药教育，发展循证医学临床指南（作为药物使用评估和供应的基础）等方面发挥作用。

（7）新药研发：不断投入药物研究和开发，包括新药研发，被忽视的传染病药物研发，新的剂型和生产工艺的研究，化学和分子生物学的基础研究，以及药物和疫苗的临床和实地试验等。

（8）人力资源：积极参与政府关于计划和监督药物领域所需的人力资源开发与培养。

（9）监控和评估：接受政府监控和评估的领域，配合完成定期调查和监控药物领域，以及外部独立评估国家药物政策对社会所有领域及经济上的影响。

在以上九个领域，制药企业既应承担重要责任，又相比于其他利益相关者具有明显的优势。

第4章　产业层面的制药企业价值与 国家药物政策：市场结构

产业经济学重视对市场结构的分析研究，这也是在研究不同产业时的基本要求。本研究在这一章首先从分析制药业的市场结构开始，从产业层面的市场表现分析制药企业价值与国家药物政策的相互关系。

4.1　市场结构的类别及其测量

4.1.1　市场结构的类别

市场结构指的是参与竞争的市场主体之间相互关系的具体形式，它刻画了某一产业的市场环境和市场势力是怎样分布的，比如：单一企业享有多少市场份额？整个市场和它是什么关系？市场中的产品是同质的还是差异化的？是否存在企业进入或退出壁垒？

产业组织理论按照市场垄断竞争的强弱程度，把市场结构划分为四种类型，分别是完全竞争、垄断竞争、寡头垄断和完全垄断。

（1）完全竞争：在这样的市场上，通常有大量的买者和卖者，并且买卖双方都是有足够的时间收集信息并做出决策调整，基于完备信息做出理性决策。市场中不存在进入和退出壁垒，企业进行无差别生产，只有价格是市场中的决定因素，由供给和需求共同决定的。生产者和消费者都不能影响价格的决定，而只是被动接受市场价格。自由竞争市场是一种在理论上假定的理想状态，并不存在于现实生活中。不过，在很多实际研究里会把某些农产品的市场状况视为自由竞争市场。

（2）垄断竞争：在这样的市场上，通常有较多的买者和卖者，很多企业生产存在细微不同的同类产品，即虽有差异但可相互替代。这样的市场状况位于自由竞争与完全垄断两种状态之间，但更多的还是接近完全自由竞争。并且与自由竞争的市场相似，垄断竞争的市场上，生产者同样被动接受市场价格，独立做出决策，而不用考虑其他竞争对手的选择。这种更符合现实生活，这种市场结构更为普遍，比如文具、饮料、食品等商品所面临的市场结构，在药物市场领域，大多数仿制药的市场结构更接近垄断竞争。

（3）寡头垄断：在这样的市场上，企业数量很少，每个企业对市场都有举足轻重的影响，即任何一家企业的价格或产量决策都会对市场以及其他竞争者产生影响。企业在做决策时，不仅要考虑到自身的情况，还要考虑到对手可能做出的反应。因此，寡头垄断市场中的几个寡头企业之间是相互依存的，这与完全竞争和垄断竞争市场不同，在这两种类型的市场中，企业数量众多，且都是市场价格的接受者，可以独立地做出自己的决策，而不必考虑其他企业的决策。部分创新药物以及规模生产的领域（如维生素C、青霉素等）可能会构成寡头垄断市场。

（4）完全垄断：在完全垄断（或称垄断、独占）市场中，只存在唯一的卖方，寡头企业生产或销售的商品没有任何相近的可替代品，其他任何企业进入该行业都极为困难或不可能。它是与完全竞争市场相对立的另一极端市场形态结构。药物市场中大多数的专利药物以及独家品种会因为技术壁垒形成某种意义的垄断势力。

4.1.2　市场结构的测量指标：市场集中度

在计量经济学中，人们通常从集中度的角度来考察市场结构，并将其视为市场表现的一个决定因素。市场集中度（Market Concentration Rate）是对整个行业市场结构集中程度的测量指标，它用来衡量企业的数目和相对规模的差异，是市场势力的重要量化指标。市场集中度是决定市场结构最基本、最重要的因素，体现了市场的竞争和垄断程度，它反映特定的市场集中程度，与市场中垄断势力的形成密切相关。在产业组织理论中，市场集中度是考察市场势力的首要因素。

对市场集中程度的测定与把握是政府制订有关公共政策、维护和健全市场秩序的基础。市场集中度包括买方集中度和卖方集中度，通常由于买方集中度比较分散、难以收集数据，所以一般对市场集中度的研究主要是指卖方集中度。经常使用的集中度计量指标有：行业集中度比率（CR_n）、赫尔芬达尔－赫希曼指数（Herfindahl – Hirschman Index，HHI）、洛仑兹曲线、基尼系数、逆指数和熵指数等。其中集中度比率（CR_n）和赫尔芬达尔指数（HHI）经常运用在反垄断经济分析中。

（1）集中度比率：指某一产业的相关市场内前 n 家最大企业所占市场份额的总和，较为常用的是 CR_4 和 CR_8 指标。CR_4 是指前四个最大的企业占有该市场的份额，CR_8 则是指前八个最大的企业占有该市场的份额。计算公式为：

$$CR_n = \sum_{i=1}^{n} X_i / \sum_{i=1}^{N} X_i$$

X_i 为产业中第 i 个企业的生产额或销售额、资产额、职工人数等，N 表示产业中的全部企业数。集中度比率经常用于分析产业的企业分布，集中度低说明企业过于分散，缺乏有国际竞争力的大型企业。集中度比率指标测定相对比较容易，而且又能较好地反映市场集中情况，体现市场竞争和垄断程度，是使用最为广泛的市场集中度指标，例如，美国学者贝恩借助该指标对1947年以来美国制造业的集中度进行了分析。如表4－1所示。

表4－1　　　　　美国制造业的市场集中度　　　　　单位：%

最大厂商	1947 年	1954 年	1963 年	1967 年	1972 年	1977 年	1982 年
50	17	23	23	25	25	24	24
100	23	30	30	33	33	33	33
200	30	37	38	41	42	43	44

资料来源：丹尼斯·W. 卡尔顿、杰弗里·M. 佩洛夫：《现代产业组织》，中国人民大学出版社 2009 年版。

（2）赫尔芬达尔－赫希曼指数：指基于该行业中企业的总数和规模分布，是相关市场上所有企业市场份额的平方和。赫尔芬达尔指数具有数学上绝对法和相对法的优点，是较理想的市场集中度计量指标，它可以衡量企业市场份额对市场集中度产生的影响，在有些国家（如美国和欧盟中部分国家）是政府审查企业并购的一个重要行政性标准。计算公式为：

$$\text{HHI} = \sum_{i=1}^{n}\left(\frac{X_i}{X}\right)^2 = \sum_{i=1}^{n}S_i^2$$

N 代表市场中的企业数量，X_i 代表企业的绝对规模，X 代表市场总规模，S_i 代表企业在市场总规模中的比重。市场中的企业规模越接近、企业数目越多，则 HHI 值接近于 0，当市场中只有一个企业时，该值为 1（有的分析用百分数表示市场份额，则 HHI 表述为：0～10000）。根据赫尔芬达尔指数，规模较大的前几家企业（通常称为上位企业）的市场份额对市场集中度会产生较大的影响。

（3）集中度的测量：理论上一般将相互替代性较高（需求交叉弹性较高）的商品集定义为同一市场。尽管如此，集中度所能体现出的竞争问题仍然是一个非常复杂的问题。以医药产业为例，许多疾病会用到不同种类的药物或者经常在某些情况下需要联合应用不同种类的药物。比如，最为常见的腰痛病，经常用到的药物可能有非麻醉性镇痛药、麻醉性镇痛药、肌肉松弛剂甚至抗抑郁药等。再如，抗哮喘病的常用药物可能会有糖皮质类激素、茶碱类药、β2 受体激动剂、M 受体阻断剂、α 受体阻断剂、抗变态反应药、抗生素类、非甾体抗炎药、利尿药等十多种。再考虑到医药制造企业的国际竞争环境，这个问题会变得更加复杂。因此，在实际操作中，由于受到种种限制，经常按照某些特定的统计分类方法，如政府颁布的产业分类标准，通常比较接近实际的市场范围。此外，还要考虑市场的地理范围、进出口因素等。在具体的变量采用上，则可以是生产额或销售额、生产能力、资产额、职工人数等。

4.2　制药企业价值与市场结构

从产业资本要求获取回报以实现其增值目的的角度来考虑，我们以边际利润率作为资本追加投入的衡量标准。边际利润率是指在投入产出过程中的某一时刻每投入一元钱资本所能获得的利润额，当边际利润率高时，表明资本有利可图。从另一个角度来看，边际利润率也表明了生产者 i 能够将价格控制在边际成本之上的能力，即生产者的市场势力。

给定某一同质药物的市场，存在 1，2，3，…，i，…，n 个生产者，药物价格为 p，市场中所有生产者的总产出为 Q，单个生产者的产出为 q，生产者总生产成本为 TC，边际生产成本为 MC，平均生产成本为 AC，单个生产者的市场份额为 S_i，边际利润率 mp_i，整个行业的边际利润率为 MP_i，需求弹性为 ε。

则第 i 个生产者的利润为：

$$\pi_i = pq_i - TC_i$$

其利润最大化的一阶条件为：

$$\frac{d\pi_i}{dq_i} = q_i \frac{dp}{dQ}\frac{dQ}{dq_i} + p - \frac{dTC_i}{dq_i} = 0 \qquad (4-1)$$

$$\because Q = \sum_{i=1}^{n} q_i = q_i + \sum_{j \neq i} q_j \qquad \therefore \frac{dQ}{dq_i} = 1 + \frac{d\sum_{j \neq i} q_j}{dq_i} \qquad (4-2)$$

单个生产者边际利润率为：

$$mp_i = \frac{p - MC_i}{p} = -\frac{q_i}{p}\frac{dp}{dQ}\frac{dQ}{dq_i}$$

上式两端同时乘以 Q/Q，有：

$$mp_i = -\frac{q_i}{p}\frac{dp}{dQ}\frac{dQ}{dq_i}\frac{Q}{Q} = \frac{q_i}{Q}\left(-\frac{dp}{dQ}\frac{Q}{p}\right)\frac{dQ}{dq_i}$$

结合式（4-1）与式（4-2），上式整理可得：

$$mp_i = \frac{S_i}{\varepsilon}\left(1 + \frac{d\sum_{j \neq i} q_j}{dq_i}\right) \qquad (4-3)$$

定义

$$\alpha_i = \frac{q_i}{\sum_{j \neq i} q_j}\frac{d\sum_{j \neq i} q_j}{dq_i} \qquad (4-4)$$

为反应弹性，即：为了维持相应的市场份额，当生产者 i 产量变动时，相对于生产者 i 产量变化率，其他生产者的产量变化百分比。$\alpha_i \in [-1, 1]$，它意味着：

当 $\alpha_i = 1$ 时，当生产者 i 利润最大化时，其他生产者同比例、同方向调整产量；此种情况往往发生于生产者之间存在完全合谋的时候。

当 $\alpha_i = 0$ 时，当生产者 i 利润最大化时，其他生产者的产量没有变化；此种情况往往发生与生产者之间完全无合谋的时候。

当 $\alpha_i = -1$ 时，当生产者 i 利润最大化时，其他生产者同比例、反方向调整产量。若非竞争者试图退出该市场，此种情况通常不会发生。

式（4-4）两边同时乘以 Q/Q，并整理可以得到：

$$\frac{d\sum\limits_{j \neq i} q_j}{dq_i} = \alpha_i \frac{1 - S_i}{S_i} \qquad (4-5)$$

将式（4-5）代入式（4-3）可以得到单个生产者边际利润率为：

$$mp_i = \frac{S_i}{\varepsilon}\Big[1 + \alpha_i\Big(\frac{1 - S_i}{S_i}\Big)\Big]$$

则全行业平均边际利润率为：$MP_i = \sum\limits_{i=1}^{n} S_i mp_i = \frac{1}{\varepsilon}\Big[\sum\limits_{i=1}^{n} S_i^2 + \alpha\Big(\sum\limits_{i=1}^{n} S_i - \sum\limits_{i=1}^{n} S_i^2\Big)\Big]$

由于 $\sum\limits_{i=1}^{n} S_i = 1$，并且 $\sum\limits_{i=1}^{n} S_i^2$ 恰好为 HHI（赫尔芬达尔指数），所以上式可进一步表示为：

$$MP_i = \frac{HHI}{\varepsilon} + \frac{\alpha(1 - HHI)}{\varepsilon} = \frac{1}{\varepsilon}\big[\alpha + (1 - \alpha)HHI\big]$$

上式给出了关于行业边际利润率与市场结构之间关系的表达式，它表明了在单个生产者追求利润最大化的过程中，形成了以需求弹性、反应弹性和赫尔芬达尔指数共同表示的行业平均边际利润率。

由此可以给出以下结论：

（1）若药物生产者试图垄断而完全合谋，则 $\alpha = 1$，互相保持不变的市场份额，此时行业边际利润率 $MP_i = \frac{1}{\varepsilon}$，即完全取决于需求弹性。通常，很多药物的需求弹性极低，即 ε 近乎 0，行业边际利润率非常高。因为与普通商品相比较，药物涉及人类的生存与健康，在很多情况下，价格并不是影响需求最重要的因素，药物需求经常是刚性的，行业合谋垄断将会产生巨大的边际利润。

（2）当药物生产者之间完全没有合谋的时候，$\alpha = 0$，在一个单期的决策过程中，仅有生产者 i 调整了产量。此时边际利润率为 $MP_i = \frac{HHI}{\varepsilon}$。给定需求弹性，制药业较高的行业集中度将导致较高的行业平均边际利润率。对资本而言意味着追加投入可以获得回报，从而提高制药企业价值，所以，从产业资本增值诉求的角度来看，希望有较高的市场集中度。

4.3 市场结构与国家药物政策

对于国家药物政策的主要目标来说，市场结构主要从以下几个方面影响药物的可获得性。

1. 基本药物的遴选

从政策制订的角度来看，基本药物的一个重要方面就是通过减少药物的数目，使质量保证、采购、储存、批发和零售配发药物变得更加容易，通过较少品种、更大数量的采购，带来价格上更多的竞争和规模经济，增加消费者福利。从这一意义上来讲，基本药物政策需要一个自由竞争的市场环境支撑，基本药物的遴选和后期采购会有需方优势。同时，在某些情况下，遴选也可能会受到本地化、生产或存储设施的可得性等因素的影响，这些都意味着更高程度的竞争，较低的市场集中度——拥有独家品种的传统药和草药可能会存在例外。

从政策实施的角度来看，对于市场而言，虽然基本药物政策所导致的需求带有明显的行政色彩，但在具体实施的过程中又强调市场化，尽量淡化行政色彩。一方面通过价格政策控制药物价格，在核定成本的基础上，保证制药企业合理盈利，促进基本药物生产企业销量大幅上升。另一方面，要求制药行业产品结构调整应侧重于保证基本药物的生产供应。因此，制药企业既要严格按规定的安全标准组织生产，确保高质量，还要按需组织好基本药物供应，做到稳定生产，足量供应，同时还必须加强科学管理，降低成本，确保能够提供安全、有效、方便、价格合理的基本药物。由此，通过市场机制加速优胜劣汰，促进产业整合，其结果必然导致行业内优胜劣汰的局面将出现，并购整合将会成为趋势，市场集中度将不断提高。

2. 可负担性

在一个完善的市场当中，买者和卖者自由交易，供应和需求之间的平衡产生合理的市场出清价格。因此，鼓励自由竞争的市场环境将有利于降低药物价格、增加药物的可获得性以及消费者获得的机会，提高可负担性。

但是对于药物市场，由于信息不对称和溢出效应的外在性等原因可能导致市场失灵。此外，由于制药业不断变化，合并、兼并和战略联盟导致整个制药工业不断整合，当市场垄断力量慢慢形成，同样会导致竞争失败、市场失灵。药物的销售方处于价格谈判的主导地位，不利于药物费用的降低。此时，政府可能需要实施管制（如美国的反托拉斯法）防止厂商形成垄断势力，或者采用价格规制政策，降低垄断势力造成社会总福利的无谓损失。例如，采取药物价格规制政策，根据实际的成本或者对同一类治疗药物与不同国家此类药物的价格进行比较，以此控制药物生产厂商的利润幅度。虽然对自由竞争市场进行价格规制会产生无谓的社会福利损失，但对具有垄断势力的厂商实行价格规制却能一定程度上消除无谓的社会福利损失。

不过，价格规制可能招致制药业及评论者的反对。例如，艾伦斯·莱特（Alan Earl – Slater，1996）对欧盟的药价管制政策进行了批评，认为管制政策会损害欧盟国家制药工业的竞争力，从而使欧盟冒着失去制药工业的风险。此外，相比于选择品种和定点生产企业，如何合理制订基本药物的价格更是一个棘手的问题，这将涉及多部门管理及其矛盾冲突。尤其对于定价部门来说更是一种挑战，因为药物经济学评价在我国发展尚不成熟，正确核算企业成本，给药物一个合理定价，还比较难。如何确定企业成本利润，企业的真实成本究竟是多少？定价是遵循市场最低价原则还是分产品质量、分级别定价？原材料涨价和制药业环保标准导致的生产成本提高如何考虑？基本药物如何在定价上给予生产企业一定利润空间？这些都是定价难题。

3. 供应体系

药物政策所规定的供应系统中，政府应当起着非常重要的作用。然而，谁来负责这个系统以及系统如何构成，这些都是带有很多政治后果和经济后果的重要选择问题。最终的选择取决于当前的结构、公立和私立领域的平衡。对于药物供应系统的选择，涉及很多既得利益。

药物在整个卫生费用中占到非常大的比例，因此，建立一个保证公共领域有效率的采购体系非常重要。WHO、UICEF、UNFPA 和世界银行共同发布的药物采购操作原则中指出，公共采购应当基于"竞争性的采购办法"。对于供应商，应当建立一个"预选和监督"体系，并按照国际标准保证采购质量。显然，这些需要有一个竞争性的市场结构，加强购买方的选择权和议价权。

除此以外，很多国家的政府出于政治目的考虑，要求发展或保持本地化的生产能力和提高自主能力。例如，政府可能希望通过政府拥有的药厂，而不是本地或者国外采购进行，由此可以提供低成本的常规药物供应以控制疾病。并且，有些政府的观点认为这样的药物生产企业有利于减少对外汇的需求、提供就业机会和改善贸易平衡，有助于工业发展和引进技术。但是，由于产权界定的原因，政府的这种参与行为可能会影响到药物生产的成本、质量，尤其是药物在市场上的竞争情况。我国的现实表明，有太多此类失败的经验教训。对此，WHO 认为，政府的角色应脱离拥有或管理药物生产企业，而面对私立领域的药物生产进行监督、管理和检查。

4.4　中国制药业市场集中度分析与政策建议

4.4.1　中国制药业市场集中度分析

医药制造业是一个高投入、高风险、高收益的产业，客观上要求企业具备一定的规模，以承受来自技术研发的成本和风险，因此必然导致行业的集中度较高。有研究发现，早在 20 世纪 90 年代日本医药产业的 CR_8 就已达 44%，英国医药产业的 CR_4 为 35%；德国医药产业的 CR_4 为 28%。另据资料表明，世界上前 25 家制药企业的市场份额，已从十几年前的不足 40% 提高到了现在的 60% 以上。这是近十几年来制药企业并购的结果，而且这种集中化趋势仍在发展之中。至 2000 年，世界上前 10 家领先制药企业的市场集中度为 40%，前 20 家领先制药企业的市场集中度为 60%（孙国君，2004）。

（1）中国医药产业的市场集中度一直不高，孙国君曾对中国医药产业市场集中度作了分析，见表 4 - 2。

表4-2　　　　　1991~2001年中国医药产业的市场集中度　　　单位：%

年份	CR$_1$	CR$_4$	CR$_8$
1991	1.6	5.7	9.6
1992	2.9	6.4	10.0
1993	3.93	11.56	16.41
1994	2.2	7.5	11.5
1995	2.97	7.69	11.55
1996	3.5	9.1	13.9
1997	2.6	8.0	13.5
1998	—	7.2	12.6
1999	2.5	8.6	14.2
2000	2.6	9.5	14.4
2001	2.9	9.7	15.3

资料来源：孙国君：《我国医药产业市场集中度浅析》，载于《中国药房》2004年第15期。

研究表明1991~2001年，排名首位的中国医药企业市场集中度一直不足5%，前4位企业的市场集中度CR$_4$一直不足10%（除1993年外），前8位企业的市场集中度CR$_8$则一直不足15%（除1993年、2001年外）。而且，自1998年以来，中国医药产业的CR$_4$和CR$_8$虽有小幅增长，但是其增长幅度仍不是很明显。这个市场集中度不仅在与中国各产业的横向比较中处于中下水平，而且与国际上其他国家的医药产业市场集中度水平相比更显得非常低。

（2）本研究首先在限定市场规模的情况下，以中国沪深两市医药制造业上市公司为研究范围，分析中国医药制造业市场集中度。为与后文追溯国家基本药物制度（2009）经济后果的研究保持一致，在截至2009年12月31日之前上市的、沪深两市生物制药板块（A股）124家上市公司中进行筛选，从中剔除非人类用药制造企业（如600796钱江生化等）和完全以普通保健品为主营业务的生产企业（如600530交大昂立等），同时考虑到中国生物制药领域发展优势并不明显，高技术含量与国际相比也有很大差距，整体发展规模较小，对完全以生物制品为主营业务的企业（如002166莱茵生物等）也进行适当剔除之后，得到共84家医药制造业上市公司样本。然后，从84家样本公司2001~2017

年的年度报告中选取营业收入，并扣减营业外收入和其他业务收入（企业营业收入来源多元，其中包括营业外收入和其他业务收入，例如吉林敖东 2005 年营业收入 767321745.75 元中，有公路工程收入 11573650.51 元、车辆通行费收入 74325450.00 元，仅有 681422645.24 元来自医药制造与销售），测定中国医药制造业市场结构 CR_1、CR_4、CR_8 和 HHI 指数如表 4 - 3 所示。

表 4 - 3　　　　　　　制药业上市公司所面临的市场结构

年份	CR_1（%）	CR_4（%）	CR_8（%）	HHI
2017	7.85	23.42	40.22	312
2016	8.80	24.67	41.07	323
2015	8.92	24.78	41.36	325
2014	6.34	22.14	39.69	304
2013	6.28	22.49	40.32	307
2012	6.10	23.06	39.38	302
2011	6.74	23.90	40.63	302
2010	7.07	23.58	40.37	298
2009	7.74	23.93	37.51	291
2008	7.52	23.59	36.99	287
2007	9.03	28.21	41.55	335
2006	9.26	28.64	41.81	341
2005	8.95	28.87	42.24	339
2004	10.45	30.00	44.59	369
2003	10.62	30.37	45.26	380
2002	10.16	32.88	46.34	412
2001	9.53	33.25	47.08	419

资料来源：沪深 A 股市场制药业上市公司板块 2001～2017 年报。

（3）表 4 - 3 的数据显示，中国制药业的市场结构处于较低水平（HHI＜1000），并且自 2001 年至 2017 年，我国的市场集中度水平基本呈现小幅下降趋势，也就是说，我国制药业集中了大量的企业，竞争非常激烈。然而，这种数据所显示的竞争性结果是否具有确定性呢？在上述研究中，测定变量时包含了很多属于非医药制造业的因素，例如本研究中就针对这种情况对于制药企业营业收入进行适当调整，剔除实质上属于其他产业的一些份额，以试图更接近实际状态。但大多数分析者认为，对于制药业而言，这些数据仍然可能存在一定程度的误导性（参见Sherman Folland et al.，2001）。一个重要原因在于大部分药物在消费的时候不能相互替代，由于它们针对不同的疾病，因此并不属于同一类产品。

　　由于大多数按照治疗用途划分的各类药物之间不能相互替代，因此，对药物进行细分之后计算出的集中度比率应当更能说明问题。有研究表明，进行更细的分类之后，集中度比率提高了，有时候会高出很多，更能反映出实际的竞争状况。表4-4展示了斯特曼（Statman，1983）对1972年主要药物市场集中度的分析。韦尔施（Welsch，1995）和特诺伊（1995）则通过研究发现止痛剂和抗酸剂前四家公司的集中率为55%和66%。同样，施韦策（Schweitzer，1996）也以抗高血压药物为例说明了这个问题：1992年四家最大的制药公司控制了抗高血压市场份额的91%。

表4-4　　斯特曼（Statman）的分析：1972年主要药物的市场集中度

药物类别	前四家的市场份额（%）
止痛药	60
抗酸剂	86
抗菌药	80
抗生素	60
抗组胺	59
抗肥胖产品	83
止肠胃抽搐药	57
精神安定剂	76
心血管药物	54
糖尿病药物	76
利尿药	74

药物类别	前四家的市场份额（%）
肌肉松弛剂	50
口服甾体类激素	86
精神兴奋药	85
镇静剂	46
磺胺类药	81

资料来源：Statman. Competition in the Pharmaceutical Industry：the Declining Profitability of Drug Innovation，1983.

参照斯特曼的研究思路，分别收集中国药物市场上抗过敏药物、抗老年痴呆药物、抗高血压药物、抗前列腺增生药物、抗哮喘药物、抗真菌药物、抗血栓药物、抗消化性溃疡药物、抗肿瘤药物、眼科用药、降血脂药物、类风湿性关节炎药物、糖尿病药物、皮肤病药物、大环内酯类药物、镇静催眠药物共 16 个种类在 2005～2016 年间的市场份额数据，分别计算以 CR_1、CR_4、CR_8 和 HHI 表示的市场集中率指标。研究结果显示（表 4-5A、B、C、D），根据药物细分数据测量的市场集中度水平，较原来的混合数据有显著变化，比原来以营业收入计算的市场集中度要高，但是仍然处于较低的集中度水平。这与我国制药企业与国际制药业大公司相比估值偏低的情况相吻合。不过，我们也注意到，其中有好几种药物的 CR_1 甚至 CR_4 份额都不属于纯粹的本土企业，而要么是合资企业，要么是我国境内的外资企业，还有的干脆就是进口药物的市场份额。也就是说，实际上国内的制药产业市场份额会更低、竞争更激烈。尽管这种细分之后的测量更符合实际，不像表 4-3 中的营业收入数据比较模糊，容易误导，但是还应注意到，这样的数据却从另外的角度表明，制药产业的整体实力和市场分布状况。而在很多发达国家的制药业市场中，它们的市场结构普遍表现出较高的产品集中度，在具体的药物市场中，表现为某一种或者某几种药物被一家或者几家较大的制药公司所垄断。公司拥有更多的垄断利润，自然容易形成高估值。

表4-5A 　　　国内市场中16种药物的市场集中度（CR₁）

类别	CR$_1$											
	2005年	2006年	2007年	2008年	2009年	2010年	2011年	2012年	2013年	2014年	2015年	2016年
抗过敏药物	31.87	34.99	27.02	28.84	28.66	29.75	28.76	29.95	30.11	30.41	28.88	28.76
抗老年痴呆药物	7.92	6.05	10.44	13.28	14.23	11.82	12.03	12.36	8.58	13.25	10.46	11.03
抗高血压药物	11.76	12.26	11.80	12.22	11.98	12.06	11.83	11.84	12.35	12.33	12.35	12.27
抗前列腺增生药物	27.79	29.16	31.87	33.47	33.33	31.92	28.11	32.06	32.50	30.15	29.78	30.30
抗哮喘药物	24.83	27.44	26.30	27.17	26.11	26.50	27.39	26.10	27.02	26.75	25.35	25.89
抗真菌药物	38.42	36.93	36.01	35.46	38.07	36.24	38.92	39.35	35.86	35.84	35.45	35.79
抗血栓药物	35.62	39.59	42.67	44.43	43.03	43.60	45.54	45.14	42.75	44.23	42.24	43.01
抗消化性溃疡药物	27.25	28.95	22.85	27.30	29.16	25.98	26.24	25.06	29.72	27.69	29.44	27.65
抗肿瘤药物	7.40	7.91	9.37	9.96	10.31	10.23	10.39	10.35	10.60	10.73	10.25	10.23
眼科用药	24.02	24.25	25.96	22.86	21.57	21.82	24.02	22.48	23.73	27.49	26.85	25.45
降血脂药物	20.59	23.26	26.68	43.74	35.95	36.18	32.11	36.91	38.32	33.35	32.26	32.45
类风湿性关节炎药物	15.98	18.26	16.76	12.98	12.73	16.93	15.01	12.50	15.55	14.12	15.66	16.03
糖尿病药物	23.59	25.16	26.61	28.04	28.38	24.10	24.65	27.98	24.56	26.55	27.51	28.87
皮肤病药物	10.08	9.54	10.43	9.46	8.13	8.94	9.06	8.60	9.02	9.79	7.75	8.43
大环内酯类药物	12.00	15.30	13.03	16.76	19.06	19.58	15.61	11.00	13.15	14.02	12.99	16.51
镇静催眠药物	15.97	16.77	17.61	16.74	17.32	17.97	16.71	17.79	17.28	17.08	17.47	16.89

资料来源：根据公开资料整理。

73

表 4 –5B　　　　　　国内市场中 16 种药物的市场集中度（CR_4）

类别	CR_4											
	2005年	2006年	2007年	2008年	2009年	2010年	2011年	2012年	2013年	2014年	2015年	2016年
抗过敏药物	61.89	61.71	52.30	53.86	57.88	53.34	63.49	56.00	61.24	64.02	58.11	63.47
抗老年痴呆药物	21.81	19.72	24.52	26.63	29.97	28.23	26.57	25.37	27.54	25.22	22.73	24.42
抗高血压药物	38.20	41.86	40.16	42.29	42.20	41.10	42.16	38.13	38.41	38.49	40.45	42.10
抗前列腺增生药物	61.98	64.40	69.72	67.81	75.22	68.94	69.54	63.51	66.16	67.15	69.90	72.77
抗哮喘药物	53.40	74.58	70.86	71.69	68.58	69.53	73.77	74.87	69.73	72.75	68.99	75.98
抗真菌药物	68.55	73.91	72.37	72.38	74.27	69.00	71.34	73.89	70.01	72.85	69.84	73.05
抗血栓药物	56.25	58.07	57.38	61.26	61.11	57.94	56.19	60.28	58.58	56.23	57.31	59.49
抗消化性溃疡药物	40.71	46.12	39.47	46.93	49.18	46.33	42.98	47.00	42.43	42.32	42.14	44.89
抗肿瘤药物	24.05	24.99	25.31	26.04	26.01	25.31	24.18	23.61	25.96	23.66	25.98	23.93
眼科用药	52.54	52.35	51.06	51.92	51.44	52.28	54.85	54.70	52.99	54.28	53.82	52.59
降血脂药物	51.78	55.26	57.12	60.87	62.78	57.39	63.31	59.60	64.16	62.06	64.03	62.84
类风湿性关节炎药物	35.15	44.86	39.91	42.07	44.65	43.46	43.17	43.48	40.96	39.76	39.34	42.68
糖尿病药物	59.08	61.43	60.16	62.55	63.45	63.79	62.14	64.97	62.49	61.73	62.37	60.52
皮肤病药物	33.31	32.54	32.10	29.77	30.74	36.62	31.89	32.74	30.80	34.30	34.60	30.68
大环内酯类药物	32.15	38.03	40.11	48.01	51.24	48.05	49.28	45.09	45.3	47.29	47.41	42.17
镇静催眠药物	50.60	50.30	48.11	44.98	47.45	48.78	44.37	48.31	46.26	45.40	48.87	47.12

资料来源：根据公开资料整理。

表 4 -5C 国内市场中 16 种药物的市场集中度（CR_8）

类别	CR_8											
	2005年	2006年	2007年	2008年	2009年	2010年	2011年	2012年	2013年	2014年	2015年	2016年
抗过敏药物	74.12	77.40	69.57	70.59	78.50	70.90	78.28	72.23	76.07	79.46	74.33	77.65
抗老年痴呆药物	36.21	32.66	37.27	39.59	43.16	41.72	40.97	39.96	41.14	37.36	33.24	37.04
抗高血压药物	57.84	62.67	60.42	62.96	62.34	61.49	62.82	58.14	58.76	59.72	60.84	61.68
抗前列腺增生药物	82.75	77.56	80.78	79.89	86.43	82.25	82.25	76.81	80.10	79.83	85.60	84.62
抗哮喘药物	78.84	91.57	86.91	85.36	82.40	79.41	84.22	85.10	82.23	82.92	78.37	85.36
抗真菌药物	81.87	84.41	81.35	81.26	83.25	81.44	83.00	84.95	82.19	83.78	81.49	84.73
抗血栓药物	71.10	72.25	69.92	70.46	69.95	70.83	69.97	72.00	71.30	70.15	70.83	71.73
抗消化性溃疡药物	52.92	59.90	53.85	61.49	63.49	62.04	57.5	63.09	54.34	53.72	52.98	61.05
抗肿瘤药物	38.55	39.85	38.44	40.33	38.86	40.34	39.83	38.01	40.46	38.38	40.51	39.82
眼科用药	68.30	66.50	64.16	65.34	64.16	64.03	68.21	67.75	65.94	67.52	66.74	64.76
降血脂药物	78.18	78.26	77.36	78.79	78.36	77.54	79.26	77.77	79.89	77.86	79.33	78.04
类风湿性关节炎药物	45.99	61.46	58.11	60.77	62.54	62.04	61.92	62.49	60.46	59.54	59.45	61.2
糖尿病药物	74.06	78.79	77.39	80.75	81.04	79.97	77.32	81.8	79.84	77.08	77.65	75.35
皮肤病药物	51.41	50.58	49.67	47.45	48.12	49.17	45.97	46.76	45.57	48.26	48.52	45.42
大环内酯类药物	45.57	53.68	51.41	60.99	63.28	60.21	60.96	53.8	53.95	54.35	54.81	53.41
镇静催眠药物	75.03	73.50	70.39	67.75	66.81	70.01	66.03	69.85	68.11	67.21	70.89	69.45

资料来源：根据公开资料整理。

表 4 − 5D　　　　　国内市场中 16 种药物的市场集中度（HHI）

类别	HHI											
	2005年	2006年	2007年	2008年	2009年	2010年	2011年	2012年	2013年	2014年	2015年	2016年
抗过敏药物	1398	1545	1053	1172	1254	1177	1554	1379	1441	1596	1482	1521
抗老年痴呆药物	288	181	294	372	417	376	351	330	333	320	198	317
抗高血压药物	558	599	568	632	553	597	603	553	566	595	567	603
抗前列腺增生药物	1250	1341	1569	1566	1771	1447	1524	1273	1329	1434	1684	1531
抗哮喘药物	1126	1781	1543	1579	1466	1432	1713	1714	1498	1570	1336	1740
抗真菌药物	1948	2119	1915	1930	2097	1924	2131	2190	2013	2141	1996	2155
抗血栓药物	1560	1754	1955	2119	2027	1627	1444	2066	1978	1523	1594	2031
抗消化性溃疡药物	911	1033	708	970	1080	1077	940	1035	836	810	713	941
抗肿瘤药物	307	322	307	363	311	326	325	284	334	297	338	308
眼科用药	1039	989	963	972	963	1055	970	972	991	975	980	995
降血脂药物	969	1077	1212	1500	1663	1160	1836	1166	1889	1414	1863	1520
类风湿性关节炎药物	478	692	577	625	647	672	632	696	608	603	575	631
糖尿病药物	1229	1367	1359	1382	1393	1359	1266	1373	1334	1264	1322	1209
皮肤病药物	447	492	467	475	489	499	478	481	472	487	489	463
大环内酯类药物	437	554	521	632	663	657	658	556	556	599	634	555
镇静催眠药物	868	786	722	693	687	769	705	767	751	723	775	760

资料来源：根据公开资料整理。

4.4.2　市场集中是制药业发展的必然趋势

在我国的制药业中，由于很多地方政府出于当地财政、税收、就业或者政绩等因素的考虑，会极力鼓励发展本地制药业，甚至降低审查标准，所以进入壁垒相对较低，由此带来的一个问题就是我国制药业的企业数量较多，却忽视了发展整体实力，而且存在低水平重复建设现象。

图 4 - 1 显示的是我国的制药企业数量 2006 年以前的变化情况，数据显示，在 1992 年，我国制药企业只有 2711 家，但是到了 2005年已经上升到 5614 家。这些企业以中小型企业居多，占到了 80% 以上，而即使是这 5600 多家制药企业加在一起，它们的规模和销售总额也还没有美国辉瑞公司一家多。魏际刚（2009）研究发现，即便是从细分药物的角度来看，也存在很多家制药企业同时生产同一种药物的现象，比如居然有大大小小 1000 多家制药企业在同时生产维生素 C、安乃近和复方磺胺甲恶唑；有 900 多家制药企业在生产甲硝唑和诺氟沙星等药物，如表 4 - 6 所示。这种低水平的重复建设是在严重浪费资源，形成的也只是过剩生产能力而已，又何来称"大"做"强"。

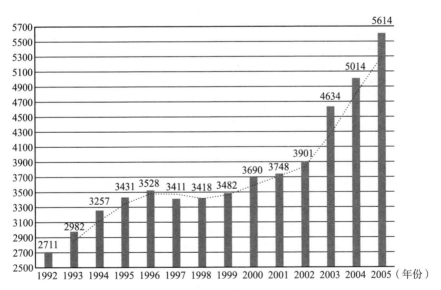

图 4 - 1 我国制药企业数量（1992 ～ 2005 年）

资料来源：魏际刚：《中国医药体制改革与发展》，商务印书馆 2009 年版。

表 4 - 6　　　　中国部分通用名药物、对应的批准文号
与企业数（截至 2006 年 9 月）

按报批数量排序			按生产企业排序		
序号	通用名	批准文号数	序号	通用名	企业数（家）
1	维生素 C	2452	1	复方磺胺甲恶唑	1172
2	葡萄糖	2282	2	安乃近	1049
3	安乃近	1625	3	维生素 C	1049
4	甲硝唑	1524	4	甲硝唑	974
5	复方磺胺甲恶唑	1515	5	诺氟沙星	941
6	头孢氨苄	1376	6	土霉素	815
7	对乙酰氨基酚	1302	7	对乙酰氨基酚	747
8	维生素 B1	1159	8	氯霉素	738
9	盐酸小檗碱	1151	9	维生素 B1	724
10	土霉素	1149	10	盐酸小檗碱	713
11	诺氟沙星	1120	11	速效感冒颗粒	707
12	肌苷	1118	12	肌苷	695
13	氯霉素	1074	13	索米痛	683
14	葡萄糖氯化钠	1072	14	利福平	673
15	氯化钠	1061	15	维生素 B6	671

资料来源：魏际刚：《中国医药体制改革与发展》，商务印书馆 2009 年版。

粗放式的增长模式无以为继，并且这种模式也必定危及整个国家制药业的根本和损害全体国民的身体健康。这种情况在 2006 年以后有所改善。国家食品药品监督管理局在 2006 年发布了《关于印发整顿和规范药品研制、生产、流通秩序工作方案的通知》，并展开了全行业整顿，当年就收回了 86 张 GMP 证书，另有 142 家药品生产企业被停产停业整顿。

已有的发展经验表明，制药业发展的必然结果就是越来越趋向市场集中，我国制药业的发展也将逐渐顺应这一趋势。

首先，从国家药物政策的整体走向来看，制药业的竞争环境会更严峻，制度条款会更严苛，监管环境会更严格。在这样的大背景下，不断

挤压小规模和弱实力企业的生存空间。国家药物政策将通过各种方式推动兼并、合并与重组行为，例如，处方药与非处方药的分类管理、强制GMP 认证等这些措施都起到了直接地推动作用。同时，这些政策措施也加强了产业资本的进入壁垒，图 4 - 2 表明，2006 年以来的行业整顿，使行业内的生产企业数量一直处于一个相对稳定的变化范围内，到2016 年和 2017 年更是大幅度缩减。市场集中度提高以后，理论上更多的市场份额将会集中到更少的企业手中，有利于行业的良性发展。但值得注意的是，表 4 - 5 系列表格中细分市场份额数据表明，市场整顿并没有直接反应为细分市场份额的集中，这仍有待在未来一段时期内检验。

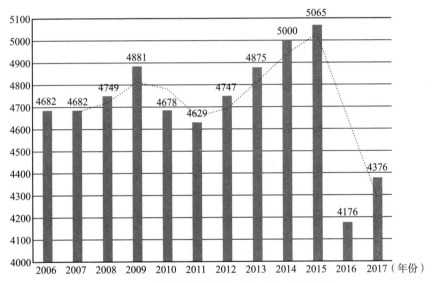

图 4 - 2　我国制药企业数量（2006 ~ 2017 年）
资料来源：根据国家食品药品监督管理局历年统计年报整理。

其次，从世界范围内的竞争格局来看，在全球化背景下，来自本国制药业之外的竞争压力也日渐增大。目前，全球排名前 20 位的跨国制药公司都已经在华设立生产基地。对于它们而言，中国不仅仅是一个市场那么简单，而是一个全球战略重心，包含了一条从研发到生产、再到营销的完整价值链。这些跨国制药企业对于其在中国市场的定位，已经从最初的产品销售，逐渐转为全球产业布局和战略规划等更高层次。跨国制药业的进入，推动了中国制药业的国际接轨，促进了中国国家药物政策的相关法律法规建设，有助于提高整个行业的发展水平。为了能够更好地抵御来自国际制药业的冲击，中国本土的制药业必须首先具备数量效应，进而产生规模效应，形成强大的规模实力，努力提高本国制药业的研发创新水平，提高本国制药业的整体实力和质量。

最后，纵观我国近年来循序渐进的国有企业改革、经济体制改革以及财政、金融、税收等多个领域的发展思路和规划实施，这种体制性的变革给民间资本提供了参与投资原国有大中型制药企业的机会，有利于激发各种不同所有制形式资本的积极性，进一步加快我国制药业市场结构的调整进程。我国的改革是一个多领域多层次的改革，这种改革体现在多个领域，伴随着改革进程的深入，社会中会出现越来越多的变化与问题：消费结构变化、老龄化、城镇和农村医疗支出上涨、国民收入和社会财富增加等。在这些变化和问题的共同推动下，可以预见，中国制药业在未来一段时间内的收入仍会保持一个稳定的增长趋势，制药业的兼并、合并、重组和整合也会吸收充足的产业资本。

4.4.3 主要的政策建议

面对日益开放的国内市场和竞争日趋剧烈的全球市场，中国制药业已经不能再像过去一样，躲在国家保护壁垒的背后，而是逐渐走向前台，面临来自跨国制药公司的市场压力。这种强有力的外部约束一方面会威胁到中国制药业的发展与繁荣，但同时这是一种良性刺激和促进，使整个制药业走向更好的未来，这会从基础上影响到国家药物政策的制订和实施，以及想要实现的良好效果和达成圆满的目标。中国的制药业作为全球制药业的后发力量，需要依赖国家的政策手段和政府大力支持，在不干预市场有效运行的前提下，提高市场集中度。体现在制订和实施国家药物政策的过程中，需要特别重视以下三个方面：

第一，在整体的宏观政策上给予民间资本优惠条件，引导国内各种形式的民间资本参与到制药业发展进程中，通过并购、重组、整合，提高制药业的市场集中度，在此基础上，逐步一个形成具有创新能力和国际竞争力的制药业。同时还应当谨慎处理好国外金融资本的参与活动，通过规制和监管，允许国外资本的适度参与国内制药业发展项目和投资，并使其保持在可控状态。这样做的主要理由是防止国际制药业的巨鳄通过资本手段渗透和控制国内制药业，进而影响到国家药物体系建设和卫生总目标的实现，同时也是为了避免单纯以追逐利润为主要目的的投机行为伤害到本土制药业的发展。最后一点也同样适用于国内的资本。

　　第二，应就仿制药和新药给出严格的划分依据，让鼓励研发创新成为国家药物政策的基本导向，让市场给予真正好的企业更多回报，淘汰那些不好的企业，逐渐形成良好的市场结构，发展和繁荣国家制药业。比如，在新药注册审批时，对那些名副其实的药物研发创新，要在税收政策、资本扶持等各个方面充分支持。从某种程度上讲，我国实行了很长一段时期的"伪新药"政策，它跟目前国际上重视独立的知识产权、全新的化合物形式等理念完全不一样。有些制药企业只不过是把药物的规格、剂量或者包装等几个外部特征做些许变动，就能在申请注册新药时成功通过国家食品和药物监督管理局（CFDA）的审查。虽然与国际上某些公司仅仅通过更改某个分子式，便申请注册为新药的行为相比较，只不过是"五十步笑百步"，但也得看到，即便是类似于"百步"的行为，有些制药企业都懒得去做，而选择更低成本的"五十步"。这表明原来的新药政策是存在问题的，而且相应的配套法规也是激励创新药物的少，主要是对仿制药物进行规范。这样带来的一个恶劣后果便是，整个制药业基于利益的驱动而陷入恶性竞争，置身于为数众多的仿制药生产者当中，那些真正以研发创新为核心竞争力的企业反而很难生存下去。

　　第三，在国家制药业的市场准入上，国家药物政策要鼓励那些优秀的中小企业进入，尤其是鼓励具有创新性的中小企业进入和成长，警惕低水平和低效率的重复建设，这并不与提高市场集中度相悖。中小企业尤其是研发创新型的中小企业，往往其产品具有市场的独占性特点，并且中小企业具有大企业所没有的灵活性，资本进出更加灵活。另外，中小企业也许就会成长为未来的大企业。在发达国家，他们的制药业经常面对混合的市场结构。其主要特征是，由占少数大企业和各种类型的中小企业共同组成，虽然市场份额主要为大企业占据，但是这些中小制药企业主要靠研发创新，而不是依赖于仿制生存，国家也有相应的政策鼓励它们成长和繁荣，通过一系列政策支持，为产业资本建立起完善的进入和退出机制，形成发达国家制药业中小企业独特的生存和发展空间，充满生机和活力。

4.5　本　章　小　结

在这一章，本研究从制药业的市场结构分析入手，从产业层面上探求制药企业价值与国家药物政策之间的相互关系。通过这种分析，主要是为了把握中国制药业面临的市场结构是怎样，以及应该是怎样的才能有利于国家药物政策的制订与实施？应该鼓励药物市场的竞争还是促成药物市场的垄断？为了实现这些，应当关注哪些问题。

本研究撇开一般性，从分析市场上同类药物的竞争表现入手，在市场集中度较高情况下，会引来更多的制药产业资本进入，所以，一个能够形成垄断的药物市场，是制药产业资本实现其增值诉求的理想市场，当整个市场由少数几个企业控制时，意味着这些垄断者可以获取更高的垄断收益，使资本增值。但是，本研究也同时指出，在自由竞争的市场环境中，可能要比在垄断的市场条件下更有助于制订和实施国家药物政策。出于公共利益的考虑，国家药物政策当中会出现很多苛刻但却是必要的标准，在这些标准的指引下，让市场的基本准则充分发挥其作用，通过资源的优化配置、优胜劣汰，使市场趋于集中，让规模大和能力强的制药企业掌控主要的市场份额，由此也使这些制药企业成为重要的利益集团，对制订和实施国家药物政策施加影响。因此，为了实现国家卫生总目标，建立健全国家药物供应和保障体系，在制订和实施国家药物政策时，必须充分考虑药物市场集中度的可能影响，吸引产业资本进入，大力发展本国制药业，鼓励产业资本在制药业内并购、重组和整合，不断增强规模和实力，提高整体竞争力，在实现社会目标的同时实现国家的经济、税收、财政和就业等经济目标。

第5章　企业层面的制药企业价值与国家药物政策：研发创新

创新能力是企业价值内化为整体实力的体现，在一个发达的市场经济体制下，企业承担了最主要的和大多数的研发创新任务。在本章中，本研究将从制药企业的研发创新行为分析入手，探求企业层面上的制药企业价值和国家药物政策之间的关系。

5.1　药物研发创新的重要作用

关于研发创新的重要意义，可以追溯到约瑟夫·A. 熊彼特（Joseph Alois Schumpeter，1975）的研究，他指出："经济学家现在终于从只见到价格竞争的阶段摆脱出来……与教科书中所描绘的资本主义现实迥然不同，有价值的并不是那种类型的竞争，而是新产品、新技术、新供给源、新组织形式的竞争……这种竞争具有决定性的成本或质量优势，它打击的并不是现有企业的利润和边际产量，而是它们的基础及其生命。"

药物研发与创新是国家药物政策中的一个非常重要的组成部分。药物研发是一个非常复杂的问题，它包括"新药的研究；被忽视的传染性疾病药物的研究；新的剂型和生产工艺的研究；化学和分子生物学的基础研究，以及药物和疫苗的临床和实地试验"等（WHO，2001）。不同的国家依据各自的经济发展水平、社会需求、政治目标以及研发能力制订了不同的研发支持政策。

药物研发创新的重要作用可以从经济和社会意义两个方面说明。一方面，药物研发以及研发所导致的投资，可以有效地推动技术进步，这种技术进步对国家的经济增长和制药业发展起到重要作用。另一方面，药物研发所产生的新产品对于改善人类的健康水平至关重要。

药物研发通常是由制药企业承担的，或者是采用研发机构与企业合作的方式进行，一个非常重要的原因就在于研发的投入巨大。制药企业进行研发投资，可以保持并发展其吸收和利用外部信息的能力，与此同时可以获取新产品和新的生产过程。而其研发投入动机的背后推动力量有两个方面：一是盈利性投资，显然，从资本的角度来看，药物研发的成功能为企业带来巨大收益，这是制药企业愿意做出研发投入决策的最主要方面；二是策略性优势，更新更好的药物和工艺过程可以扩大制药企业在市场中的份额。一个制药企业如果发现其对手正在进行研发创新活动，那么它会感受到来自对方的威胁，为了防止输给竞争对手，就要投入资源进行研发。

5.2　制药企业研发创新行为的基本分析

5.2.1　研发创新的静态分析

给定某一药物市场中，生产者的药物销售价格为 p，需求量为 Q，单位研发投入为 p^R，研发总量为 R，单位可变生产成本（不包括研发投入）为 VC，固定成本为 FC，则生产者利润函数可以表示为：

$$\pi = (p - VC)Q(p, R) - F - p^R R$$

生产者通过选择药物销售价格 p 和研发投入 R 使利润最大化，则有以下一阶条件：

$$
\begin{cases}
\dfrac{\partial \pi}{\partial p} = (p - VC)\dfrac{dQ}{dp} + Q = 0 & (5-1) \\[3mm]
\dfrac{\partial \pi}{\partial R} = (p - VC)\dfrac{dQ}{dR} - p^R = 0 & (5-2)
\end{cases}
$$

由式（5-1）可知 $p - VC = -\dfrac{dp}{dQ}Q$，两边同时除以 p 可得以下结果：

$\dfrac{p - VC}{p} = -\dfrac{dp}{dQ}\dfrac{Q}{p} = \dfrac{1}{\varepsilon_{Qp}}$，其中 ε_{Qp} 是需求的价格弹性。不妨假定此时

市场中的生产者唯一，即市场为垄断的，则有 VC = MC，上式可进一步变为：

$$\frac{p - MC}{p} = \frac{1}{\varepsilon_{Qp}} \qquad (5-3)$$

式（5-3）中$\frac{p-MC}{p}$是用于描述垄断势力的勒纳指数。

对式（5-2）做类似处理可得

$$\frac{p - MC}{p}\varepsilon_{QR} = \frac{p^R R}{pQ} \qquad (5-4)[①]$$

它表明生产者根据研发销售比率做出研发投入的选择，等于价格 - 成本差额与研发需求弹性的乘积。

式（5-3）和式（5-4）描述了研发创新与不完全竞争相联系的一种状态。如果药物市场是自由竞争的，那么，药物生产者通常会将产量设定在价格恰好等于边际成本（P = MC）时的水平上，此时令利润最大化的研发销售比为零。在完全自由竞争的状态下，生产者能够以市场价格销售其药物，但对他来说，此时研发投入并没有意义。

而如果是在垄断状态下，药物生产者行使其垄断势力，那么在其他条件相同的情况下，每单位的研发投入随着边际销售单位利润的上升而增加，生产者就有意愿做出更多的研发投入，推动需求曲线向右移动。

5.2.2 研发创新的动态分析

静态模型表明研发投入对于销售的作用越大，生产者对于单位销售收入的研发支出也就越多。但是，静态模型忽略了在现实中的一个重要方面，即：研发创新投入对需求所产生的一个重要影响会延续至未来的一段时间，当前的研发创新会影响到当前的需求，也会影响到未来的需求，而这一点可以通过企业价值的增量效应反映出来。

假定某药物市场中存在一家垄断企业，它所面临的需求函数受到价格影响的同时还要受到企业价值增量效应的影响，并且，制药企业当前的研发投入会对该企业价值的增量有明显作用。给出以下需求曲线：

---

① 该公式通常被称为多夫曼—斯坦纳条件，参见多夫曼和斯坦纳（Dorfman and Steiner，1954）。注意：$\varepsilon_{QR} > 0$ 即随着研发投入增加，Q 也增加。

$$Q_t = f(p_t, \nu_t)$$

其中，Q_t 为第 t 期的销售量，p_t 为第 t 期的药物价格，ν_t 是第 t 期该制药企业的价值增量，t 为期数，收益期延续 N 期。该制药企业的价值增量与研发投入量之间的关系可以描述为：

$$\nu_t = R_t + (1 - \zeta)\nu_{t-1}$$

ζ 为研发投入资本化以后的年折旧率。

该制药企业在第 t 期的净收益流入为：$(p_t - VC)Q(p_t, \nu_t) - p_t^R R_t$

给定折现率为 r，则所有未来期内的净收益折现值为：

$$PV = \sum_{t=0}^{N} \frac{1}{(1+r)^t} [(p_t - VC)Q(p_t, \nu_t) - p_t^R R_t]$$

由于 $R_t = \nu_t - (1-\zeta)\nu_{t-1}$，则上式可进一步变为：

$$PV = \sum_{t=0}^{N} \frac{1}{(1+r)^t} \{(p_t - VC)Q(p_t, \nu_t) - p_t^R [\nu_t - (1-\zeta)\nu_{t-1}]\}$$

生产者分别选择 p_t，ν_t 以使上式最大化，有一阶条件：

$$\begin{cases} \dfrac{\partial PV}{\partial p_t} = (p_t - VC)\dfrac{dQ}{dp_t} + Q = 0 \\[2mm] \dfrac{\partial PV}{\partial \nu_t} = (p_t - VC)\dfrac{dQ}{d\nu_t} - P_t^R + \dfrac{P_{t+1}^R}{(1+r)}(1-\zeta) = 0 \end{cases}$$

于是可知对第 t 期企业价值增量的一阶条件为：

$$P_t^R = (p_t - VC)\frac{dQ}{d\nu_t} + \frac{P_{t+1}^R}{(1+r)}(1-\zeta)$$

对上式进行逐期递归代入可得：

$$P_t^R = \sum_{i=0}^{N} \left(\frac{1-\zeta}{1+r}\right)^i (p_{t+i} - VC)\frac{dQ_{t+i}}{d\nu_{t+i}} \qquad (5-5)$$

式（5-5）表明，为了使以净收益表现的企业价值最大化，该制药企业应当加大研发投入，直到第 t 期的边际研发投入 P_t^R 等于由于研发投入增加而引致的第 t 期以后各期的边际收益折现值。并且，以上推导过程可以推论至在某一差别化药物的市场中，存在 1，2，3，…，i，…，n 个生产者的情况。

5.2.3　研发创新的进一步分析

以上分析和推理符合传统观点，即认为研究与开发是由于市场集中导致的，至少是中等水平的集中所致，换言之，市场力量能够促使公司进行研发创新投入。熊彼特认为在市场经济条件下，与企业家发明家个人相比，大企业的研究组织正成为技术创新的主体；保证进行技术创新的企业拥有一定的寡占性市场支配力，是保证研发诱因存在的不可或缺的手段。他认为技术创新与市场集中度之间存在正相关性，在保证技术创新成果方面，市场支配力是必需的。此方面的主要论据是：第一，垄断或大企业能够承担创新风险，而且市场权力允许其将创新行为的回报据为己有，对创新带来垄断利润的预期成为创新的激励机制，因而技术创新需要大企业的存在；第二，超额垄断利润的实现为技术创新投资提供了必要的资金，完全竞争下的小企业不可能为技术创新支付最佳费用，也就是说，大企业比小企业更有能力支持有风险和野心勃勃的研发计划；第三，技术创新是竞争的一个要素，大企业的引进并不消除竞争，反而因追求创新而增进了竞争，竞争的结果必然走向垄断（冯立果和王毅刚，2009）。霍洛维茨（Horowitz，1962）、汉姆贝格（Hamberg，1964）、凯夫斯和植草益（Caves and Masu Uekusa，1976）等人通过研究发现市场集中度和研发之间存在正相关系，支持了熊彼特的观点。

从制药业的实际情况来看，也的确存在着在一个高度集中化的市场结构中，大的制药企业更有能力和意愿进行研发创新的经济现实，也给政策导向鼓励制药企业做大做强、促进研发创新以理论支持。但这一结论也有其消极一面，尤其是对于制药经济产业尚不发达、处于早期自由竞争阶段的市场格局则更是如此。但与此相反，菲尔纳（Fellner，1951）、阿罗（Arrow，1962）等学者认为：与寡占的市场结构相比，竞争性的市场结构能产生更大的研究创新诱因。

阿罗（Arrow，1962）通过分析产业内的技术创新发明者分别在垄断和竞争中所取得的收益认为，竞争性的环境提供了更大的激励作用，通过特许使用授权的方式可以使研发者获得更多收益。当利用同样的思路，考虑技术发明者处于产业之外的情况时，可以得出结论：竞争性的状态为新技术的持有者提供了更多的激励。威廉姆森（Williamson，1965）、波兹曼和林克（Bozeman and Link，1983）、穆霍帕迪亚（Mukhopadhyay，1985）等人通过实证研究证实了阿罗等人的观点。上述结论的意义在于，事实上制药领域中确实存在大量并不属于制药业内的研究机构和中小企业，他们通过出售专利的形式来获取收益，而鼓励竞争的市场制度会令其获得更多收益，并进一步投入研发。以下做更进一步的分析。

假定某药物市场中存在 n 个生产者，药物价格为 p，市场中所有生产者的总产出为 Q，每个生产者的产出为 q_i，每个生产者的研发投入为 x_i，不存在其他固定成本，每个生产者的成本函数为 $C(q_i)$，市场需求曲线由 $p(Q)$ 给定。则每个生产者的利润函数可以表示为：

$$\pi_i = p_i q_i - C(q_i) - p_i^R R$$

第 i 家生产者的需求曲线为

$$q_i = q_i(p_i, R_i, \overline{p_i}, \overline{R_i})$$

生产者通过选择价格 p_i 以及研发支出水平 R_i 来寻求自身利润最大化。

可得利润最大化一阶条件：

$$
\begin{cases}
\dfrac{\partial \pi_i}{\partial p_i} = q_i + p_i \dfrac{\partial q_i}{\partial p_i} - \dfrac{\partial C(q_i)}{\partial q_i} \dfrac{\partial q_i}{\partial p_i} = 0 & (5-6) \\[3mm]
\dfrac{\partial \pi_i}{\partial R} = p_i \left(\dfrac{\partial q_i}{\partial R_i} + \dfrac{\partial q_i}{\partial \overline{R_i}} \dfrac{\partial \overline{R_i}}{\partial R_i} \right) - \dfrac{\partial C(q_i)}{\partial q_i} \left(\dfrac{\partial q_i}{\partial R_i} + \dfrac{\partial q_i}{\partial \overline{R_i}} \dfrac{\partial \overline{R_i}}{\partial R_i} \right) - p_i^R = 0 & (5-7)
\end{cases}
$$

整理式（5-6）可得：

$$\frac{p_i - \partial C / \partial q_i}{p_i} = -\frac{dp_i}{dq_i} \frac{q_i}{p_i} = \frac{1}{\varepsilon_i} \qquad (5-8)$$

整理式（5-7）可得：

$$p_i^R = \left(p_i - \frac{\partial C(q_i)}{\partial q_i} \right) \left(\frac{\partial q_i}{\partial R_i} + \frac{\partial q_i}{\partial \overline{R_i}} \frac{\partial \overline{R_i}}{\partial R_i} \right) \qquad (5-9)$$

规定：$\upsilon_i = \dfrac{\partial q_i}{\partial R_i} \dfrac{R_i}{q_i}$ 为该药物生产者的需求对研发投入的反应弹性；$\mu_i = \dfrac{\partial q_i}{\partial \overline{R_i}} \dfrac{\overline{R_i}}{q_i}$ 为该药物生产者的需求对产业内其他生产者研发投入的反应弹性；$\lambda_i = \dfrac{\partial \overline{R_i}}{\partial R_i} \dfrac{R_i}{\overline{R_i}}$ 为该药物生产者的研发投入对其他生产者研发投入的反应弹性，它表明生产者对其自身研发支出的增加被其竞争对手赶上的反应程度；则式（5-9）两边同时乘以 $\dfrac{R_i}{p_i q_i}$，并进行适当处理可得：

$$\frac{p_i^R R_i}{p_i q_i} = \left(\frac{p_i - \partial C / \partial q_i}{p_i} \right) \left(\frac{\partial q_i}{\partial R_i} \frac{R_i}{q_i} + \frac{\partial q_i}{\partial \overline{R_i}} \frac{\overline{R_i}}{q_i} \frac{\partial \overline{R_i}}{\partial R_i} \frac{R_i}{\overline{R_i}} \right) = \frac{1}{\varepsilon_i} (\upsilon_i + \mu_i \lambda_i)$$

以上给出了在其他制药厂商研发投入水平既定的情况下，生产者 i 利润最大化时的研发投入情况。根据对称解，n 个生产者是对等的，面临同样的方程。在单期模型中，$\lambda_i = 0$，市场均衡将是纳什均衡。此时，研发投入由价格需求弹性 ε_i 和研发需求弹性 υ_i 共同决定，而市场结构并不必然影响价格需求弹性 ε_i 和研发需求弹性 υ_i，不同生产者所生产的药物之间的关系（差异化）将更加重要。在一个多阶段博弈中，生成者有可能形成合谋性均衡，而合作的程度则进一步取决于药物之间的差异化程度，而不是制药厂商的数量。换言之，市场中高集中度并不一定构成研发创新的激励要素，生产者的产品差异化程度也非常重要，在一个激烈竞争的市场中尤其如此。而当市场中有越来越多的相似药物（仿制药）出现时，增加研发创新（不管是独自的还是联合的）投入将会给生产者带来超额利润，并最终淘汰对手。

5.3　我国制药业研发创新现状分析

5.3.1　概况

中国医药市场几乎是目前全球范围内增长最快的一个，同时也是全球最具潜力的新兴市场。中国制药产业年产值在过去二十多年间以年均 18% 的速度递增，产业规模逐渐做大，目前已经有了比较完整的工业体系。截至 2017 年，中国医院药品市场总销售额达到 7457 亿元人民币，全年增长率为 3.3%（IMS Health，2018）。波士顿咨询公司（Boston Consulting Group）早在 2010 年的分析报告中就曾指出，中国已成为世界第五大药物市场（见表 5 - 1）。就在这一年，艾美仕公司（IMS Health）发布报告指出，中国药物市场销售额将在 2011 年超过德国和法国，成为继美国和日本之后的世界第三大药品市场。2014 年，IMS Health 的研究报告显示，中国在 2013 年就已经超过了日本，成为全球第二大医药市场，发展势头令人瞩目。

表 5 - 1　　　　　**BCG 报告：中国成为全球第五大药物市场**　　单位：10 亿美元

1996 年		2000 年		2005 年		2010 年	
美国	91	美国	150	美国	262	美国	466
日本	52	日本		日本	65	日本	81
德国	20	德国	17	德国	24	德国	37
法国	18	法国	17	法国	21	法国	28
意大利	10	英国	11	英国	16	中国	24
巴西	8.4	意大利	11	意大利	15	英国	24
英国	8.2	中国	6.8	中国	14	意大利	23
西班牙	6.0	巴西	6.7	巴西	10	加拿大	17
韩国	4.5	加拿大	6.3	加拿大	10	西班牙	16
加拿大	4.3	西班牙	6.2	西班牙	9.8	巴西	15
中国	4.3	—	—	—	—	—	—

资料来源：BCG Analysis 2010，Boston Consulting Group.

尽管中国的制药产业发展迅速、成绩斐然，但是与发达国家制药业相比，药物研发创新领域仍处于较低水平，存在很大差距。例如，目前中国的化学药物生产就是以仿制生产居多。2002 年以前，中国只有青蒿素和巯基丁二酸钠两种药物是真正属于独立拥有完全知识产权、并被国际认同的。早期的一项调查显示（张世贤，2005）自 1949 年到 2005年，中国的西药（化学药）生产多达 99% 属于仿制生产，在调查的 837种西药里，大约 97.4% 属于仿制药，全国范围内低水平仿制的情况非常之普遍，似乎中国制药业唯一会做的研发工作就是仿制。

在过去的十多年间，得益于国家政策调整，这种状况有所改善。然而，我国的药物专利中，属于国家一类新药的品种并不多，而符合真正意义上独立知识产权的可能更少。严格来讲，中国制药业的研发创新模式基本上是"仿创结合、以仿为主"。为了获得更好的市场效果，多数制药企业更愿意选择仿制生产国外的新药。有很多厂家排队申请注册和生产同一种产品，过剩的生产能力远大于实际的市场需求。国内的仿制药市场恶性竞争，即使出口到国外的药物，也徘徊于国际市场的中下游。不管是取得的社会效益还是相应的经济收益能都无法令人满意，也不利于从根本上改变中国制药产业的状况，提高中国制药产业的国际影响力和竞争力。

此外，中国制药产业的药物研发投入也远远不足。尽管中国制药产业在研发投入方面的绝对量一直保持上升，但是同发达国家相比，不论是相对值还是绝对值，都相去甚远。国际上制药业巨鳄的销售收入中大约有 15% ~ 20% 用于研发创新投入，表 5 - 2 显示的是美国制药研究与生产商协会（PhRMA）成员的研发投入占比情况。早期的一项研究（项安波等，2009）表明，这一比例在中国制药企业中最大不会超过12%，如果再考虑到中国制药产业的规模计算绝对值，那在药物研发方面的实际总投入还不到美国、欧洲、日本等主要发达国家的 10% 左右。不过，令人欣慰的是，与产业势头发展迅猛一样，国家的政策导向使我国在这一领域的投入也保持了持续快速的增长。新英格兰医学期刊（2014）调查了美国、加拿大、欧洲及亚太地区、日本和中国 2007 ~ 2012 年的制药业研发支出情况（见表 5 - 3），数据显示我国在研发领域的投入保持了稳定的增长，但是与发达国家相比，仍然存在不足、差距较大。

表 5 - 2　　　　　美国制药研究与生产商协会（PhRMA）
成员的研发投入占比　　　　　　　单位：%

年份	研发投入/销售收入		年份	研发投入/销售收入	
	国内	总计		国内	总计
2017	24.8	21.4	2007	19.8	17.5
2016	24.0	20.4	2006	19.4	17.1
2015	23.8	19.7	2005	18.6	16.9
2014	22.8	18.6	2004	18.4	16.1
2013	22.7	17.8	2003	18.3	16.5
2012	21.0	17.3	2002	18.4	16.1
2011	19.4	15.9	2001	18.0	16.7
2010	22.0	17.4	2000	18.4	16.2
2009	19.5	16.8	1999	18.2	15.5
2008	19.4	16.6	1998	21.1	16.8

年份	研发投入/销售收入		年份	研发投入/销售收入	
	国内	总计		国内	总计
1997	21.6	17.1	1988	18.3	14.1
1996	21	16.6	1987	17.4	13.4
1995	20.8	16.7	1986	16.4	12.9
1994	21.9	17.3	1985	16.3	12.9
1993	21.6	17	1984	15.7	12.1
1992	19.4	15.5	1983	15.9	11.8
1991	17.9	14.6	1982	15.4	10.9
1990	17.7	14.4	1981	14.8	10.0
1989	18.4	14.8	1980	13.1	8.9

资料来源：Pharmaceutical Research and Manufacturers of America. PhRMA annual membership survey. Washington, DC：PhRMA, 2018.

表 5 - 3 世界各国或地区制药研发支出 单位：十亿美元

		2007 年	2008 年	2009 年	2010 年	2011 年	2012 年
美国	总计	131.3	123.8	119.1	126.3	120.0	119.3
	公共机构	48.0	46.9	47.9	51.4	50.6	48.9
	制药企业	83.3	76.9	71.2	74.9	69.4	70.4
加拿大	总计	6.0	6.1	5.6	5.6	5.6	5.3
	公共机构	4.0	4.1	3.8	3.5	3.4	3.3
	制药企业	2.0	2.0	1.8	2.1	2.2	2.0
欧洲	总计	83.6	90.0	85.6	80.9	84.9	81.9
	公共机构	27.7	31.1	29.0	28.0	28.4	28.1
	制药企业	55.9	58.8	56.7	52.9	56.5	53.6
亚太地区	总计	41.1	45.6	49.3	52.9	59.8	62.0
	公共机构	13.5	14.4	15.9	17.3	19.1	19.3
	制药企业	27.6	31.3	33.4	35.6	40.7	42.7

续表

		2007 年	2008 年	2009 年	2010 年	2011 年	2012 年
日本	总计	28.2	31.3	33.1	34.9	37.5	37.2
	公共机构	2.3	7.6	8.6	9.0	9.6	9.5
	制药企业	20.9	23.7	24.5	26.0	27.9	27.6
中国	总计	2.0	2.9	4.6	4.0	7.0	8.4
	公共机构	0.6	1.1	1.2	1.1	1.7	2.0
	制药企业	1.4	1.8	3.4	2.9	5.4	6.3
韩国	总计	3.5	3.6	3.4	4.3	4.9	6.0
	公共机构	0.9	0.9	0.8	1.0	1.0	1.1
	制药企业	2.6	2.7	2.6	3.3	3.9	4.9
印度	总计	1.4	1.7	1.7	1.8	2.8	2.0
	公共机构	0.4	0.4	0.4	0.4	0.4	0.4
	制药企业	1.0	1.3	1.3	1.4	2.4	1.6

资料来源：Justin Chakma et al. , Aisa's Ascent—Global Trends in Biomedical R&D Expenditures. *The New England Journal of Medicine*，2014，370（1）：3–6.

5.3.2 原因分析

1. 药物研发特点——资本收益的视角

知识和信息的密集是发达的制药企业的一个重要特征，这体现为它的核心竞争力，即研发创新能力。药物研发创新具有以下三个基本特征，这些特征对于制药产业资本实现企业价值都是有显著影响的：

首先，药物研发创新需要大量的资本投入。知识产权保护意味着很多知识型产品的价值并不完全由其原材料决定，这就像是为手术付费最主要的不是麻醉剂和手术刀、为阅读支出最主要的不是碳粉和印刷纸，新药研发的主要支出也不是原材料、机器损耗和生产工人的工资支出能够决定的。一款新药能够成功上市，其背后包含了一整套复杂的、带有产权约束的知识体系，它构成了药物这种知识型产品成本的主体内容。知识与信息的价值大小如何衡量？研发过程反复的失败，大量的沉没成本又该如何摊销？所以，对资本的数量要求是相当大的。

表5-4显示的是全美国制药产业以及美国制药研究与生产商协会（PhRMA）的主要成员自1991年至2017年期间，在药物研发费用上面支出的情况。数据显示，在药物领域的研发支出一直保持稳定持续的增长。精确地计算出药物研发的成本较为困难，但即使如此，仍有统计数字表明，在美国那些研发密集的制造业当中，制药业依旧占有一席之地，如图5-1所示。而迪玛西亚和格拉博夫斯基（DiMasi and DiMas，2007）一项研究也指出表明：每一种新药的平均研发支出要达到12亿美元以上，如图5-2所示。

表5-4　　　　　　　美国制药研究与生产商协会成员及

美国制药业研发费用情况　　　单位：百万美元，%

年份	国内研发	年增长率	海外研发	年增长率	总计	年增长率
2017	55755.00	6.4	15644.40	19.2	71399.40	8.9
2016	52418.20	9	13120.10	13.8	65538.30	9.9
2015	48110.50	18.1	11531.90	-7.9	59642.40	12
2014	40737.30	0.8	12515.90	11.6	53253.20	3.2
2013	40396.00	7.7	11217.60	-7.1	51613.60	4.1
2012	37510.20	3.1	12077.40	-1.6	49587.60	1.9
2011	36373.60	-10.6	12271.40	22.4	48645.00	-4.1
2010	40688.10	15.1	10021.70	-9.6	50709.80	9.2
2009	35356.00	-0.6	11085.60	-6.1	46441.60	-2
2008	35571.10	-2.8	11812.00	4.6	47383.10	-1.1
2007	36608.40	7.8	11294.80	25.4	47903.10	11.5
2006	33967.90	9.7	9005.60	1.3	42973.50	7.8
2005	30969.00	4.8	8888.90	19.1	39857.90	7.7
2004	29555.50	9.2	7462.60	1	37018.10	7.4
2003	27064.90	5.5	7388.40	37.9	34453.30	11.1
2002	25655.10	9.2	5357.20	-13.9	31012.20	4.2
2001	23502.00	10	6220.60	33.3	29772.70	14.4
2000	21363.70	15.7	4667.10	10.6	26030.80	14.7

续表

年份	国内研发	年增长率	海外研发	年增长率	总计	年增长率
1999	18471. 10	7. 4	4219. 60	9. 9	22690. 70	8. 2
1998	17127. 90	11	3839. 00	9. 9	20966. 90	10. 8
1997	15466. 00	13. 9	3492. 10	6. 5	18958. 10	12. 4
1996	13627. 10	14. 8	3278. 50	- 1. 6	16905. 60	11. 2
1995	11874. 00	7	3333. 50		15207. 40	
1994	11101. 60	6	2347. 80	3. 8	13449. 40	5. 6
1993	10477. 10	12. 5	2262. 90	5	12740. 00	11. 1
1992	9312. 10	17. 4	2155. 80	21. 3	11467. 90	18. 2
1991	7928. 60	16. 5	1776. 80	9. 9	9705. 40	15. 3

资料来源：Pharmaceutical Research and Manufacturers of America. PhRMA annual membership survey. Washington, D. C. : PhRMA, 2018.

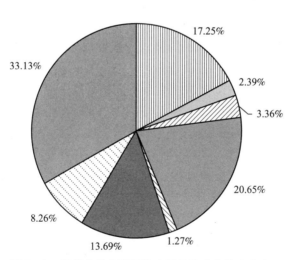

图 5 - 1　制药业是美国研发支出最为密集的产业之一

资料来源：National Science Foundation, Businesses Spent $ 375 Billion on R&D Performance in the United States in 2016, by Raymond M. Wolfe, September 2018.

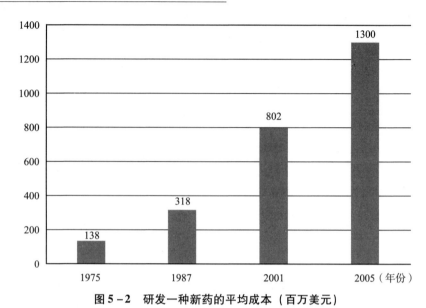

图5-2　研发一种新药的平均成本（百万美元）

资料来源：J. A. DiMasi and H. G. Grabowski, The Cost of Biopharmaceutical R&D: Is Biotech Different? *Managerial and Decision Economics*, 28（2007）: pp. 469 – 479.

其次，药物研发创新要经历漫长的研发周期。在新药研发过程中，失败是常有的事。新药的推出也是十分谨慎的，通常一种新型药物能够在临床治疗中得到应用，需要先后经历药物早期发现、实验室研究、临床试验、审批与注册和工业化生产等阶段之后，才能进入市场销售，大约经历10~15年的时间。图5-3描述的是在美国一种新药从发现到上市所要经历的漫长过程。在制药产业资本看来，研发周期越长就说明资本投入的可回收周期越长，回收周期越长就越发加大了不确定性和风险，同样也增加了由于研发失败造成投资收不回来的可能。

最后，药物研发创新过程充满大量风险：药物研发创新投资需要面临来自两个方面的风险。其一是研发阶段的风险，格拉博夫斯基，弗农和迪玛西亚（Grabowski, Vernon and Dimasi, 2002）研究发现，美国的新药研发过程中，仅有大约不超过5%的部分可以出现在第一阶段，即临床前测试和实验，而在临床试验阶段，则仅能见到在上一阶段出现的2%左右，在这2%当中，仍有80%会最终被淘汰。也就是说，研究者们在经历漫长的研发周期后，只能在大约平均每五千到一万种化合物中才能成功获得一种药物，允许在市场销售。其二是药物销售阶段的风险，

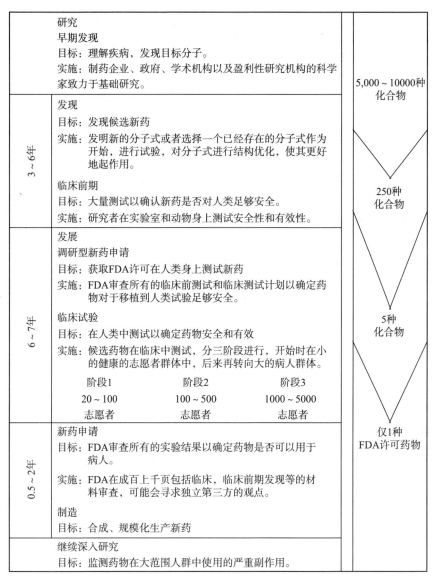

图 5 - 3　药物研发的漫长过程（美国）

资料来源：PhRMA. Drug Discovery and Development：Understanding the R&D Process，2007.

即便不考虑社会收益情况，能够准确地评估一种创新药物在经济上创造的效益也是特别难的。因为分析一种新药的经济效益时，不能只计算研发成功的支出，还要考虑虽然失败但确是为了实现相同目的的支出。前已述及，新药成功率是非常低的，而即使是在如此低的成功率下，格拉博夫斯基（Grabowski）等人发现大概仅有平均30％的项目可以最终获得能够弥补或者超过成本的收益水平（见图5-4）。

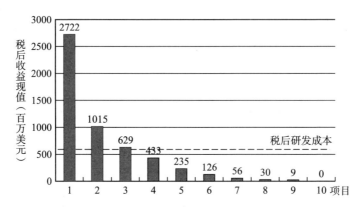

图5-4 仅有30％的药品能够获取超过或者与成本相当的收益

资料来源：H. Grabowski，J. Vernon and J. Dimasi，Returns on Research and Development for 1990s New Drug Introductions，Pharmaco Ecomomics 20，December 2002：suppl. 3，pp：11 - 29.

2. 我国药物研发能力不足的原因分析

一个国家的制药业在研发上具备很强的实力，应满足这些基本要求：国家在政策与资金上提供大力支持，政府、研究机构和企业存在着充分的合作互动，药物研发主体由一定数量综合实力雄厚的大企业、自主研发机构和数量众多的研究型中小企业组成。总的来看，我国在这几个方面都比较欠缺，虽然国家在过去的十多年间加大了政策的扶持力度和资金的投入，但还远远不够，目前我国制药业整体的研发创新实力仍比较弱。分析具体原因如下：

第一，资金投入不管是相对量还是绝对量仍然远远不足。中国制药企业在研发上面的投入比国际制药业巨鳄落后很多。高萍（2009）的一项研究显示了这一点（见图5-5）。虽然近年来中国制药业研发投入的绝对数量上有很大幅度的提高，但是与国际水平相比较，相对数量仍旧存在不小的差距。当然，这种差距在某种程度上也是由于国家整体实力和历史发展状况所造成的，仍需通过努力和很长时间才能改变，不过令人欣慰的是，随着近年来经济水平不断上升，我国在制药研发领域的投入也一直保持着持续、稳定的增长。

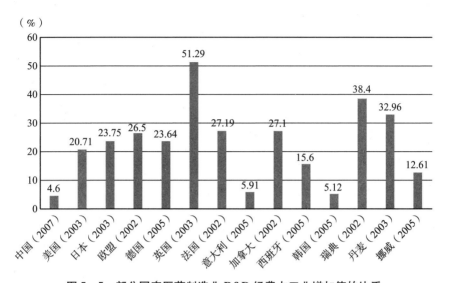

（%）

图 5 - 5　部分国家医药制造业 R&D 经费占工业增加值的比重

资料来源：高萍：《我国药品产业政府规制研究》，西北大学博士学位论文，2009 年。

新英格兰医学杂志（The New England Journal of Medicine，2014）撰文指出，目前全球药物研发正在逐渐从欧美转向亚洲，而中国则是亚洲的代表。表 5 - 3 的数据表明，美国的药物研发投入从 2007 年的 1313 亿美元降低为 2002 年的 1193 亿美元，在中国，这一数字则从 20 亿美元上升到 84 亿美元。在亚洲地区，领先优势更为明显，日本、中国、韩国和印度在 2012 年的药物研发创新投入分别为 84 亿美元、60 亿美元和 20 亿美元。中国的研发投入增长幅度也远远超过其他国家（见图 5 - 6），我国未来在研发资金投入方面与发达国家之间的差距仍会逐渐缩小。

第二，科研人力资源非常匮乏。制药业属于知识密集型产业，在国外的制药产业里，研发人员比例通常不低于 25%，其中高端人才则占到了整个科研群体的 8%。在我国，制药领域的研究人才尤其是高端人才奇缺，即便是很多国内的大制药企业，其直接做研究工作的人员也不足 10%。在药物研发的各个环节和领域，如研发项目主管、化药合成研发人员、新药研发人员、疫苗研发人员、抗体药物研究员、生物诊疗

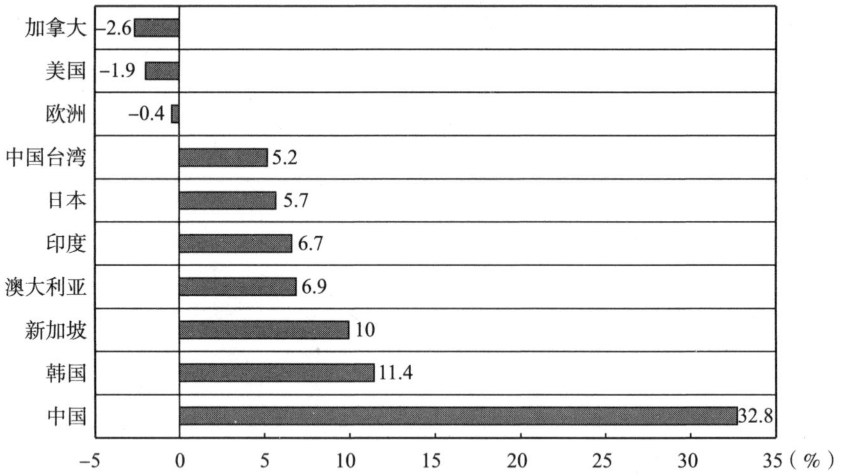

图 5 - 6　不同国家或地区制药业研发支出年增长率比较（2007 ~ 2012 年）

资料来源：Justin Chakma et al. , Aisa's Ascent—Global Trends in Biomedical R&D Expenditwres. *The New England Journal of Medicine*, 2014, 370（1）：3 - 6.

技术研发人员、基因研究人员、小分子药物分析人员等都存在着巨大缺口。造成这一现象的原因是多方面的，有很多历史原因，比如我国的制药业甚至整个工业起步都比较晚。在过去的历史时期内，曾经失去了一些发展的好机会。也有很多现实原因，比如，目前国家的人才培育体系仍然不够完善，在培养从事新药开发的基础性工作和具有国际影响及国际竞争力的高级人才方面存在短板；相应的人才管理模式比较落后，尚未形成科学合理的人才激励机制；缺乏完善的工作环境，尚未形成良好的成长平台和发展空间，高端人才较难主持或参与基础研究和重大研发创新项目，研发能力受到限制、不利于个人职业发展和价值实现等。

第三，医药管理体制存在问题，市场处于无序竞争状态。在很长一段时间内，中国的医药产业一直实施行业指导和属地管理的"条块分割"模式。在职能分布上，制药业发展的管理职能如产业发展规划、安全监管与质量监督、招标采购和定价审核等，基本分散在国家各个部委和地方对口部门中，整个制药业没有一个系统性、全局性和整体性的政策规划。这种情况自 1998 年，原国家食品药物监管局（SFDA）① 成立之后有所改观。但利益群体已经形成，利益分割使得不同群体总希望

① 2013 年后更名为国家食品药品监督管理总局，对外简称 CFDA。

持续保持其话语权。地方保护主义壁垒给优势企业进入和兼并或淘汰劣势企业形成阻碍，影响了我国制药业整体发展布局，以及国家制药业的结构优化和升级。具体体现是：药物技术含量低，新药研发创新能力弱；热销药物供大于求，低水平重复建设造成生产能力过剩、恶性竞争严重；全行业积累能力不足，扩张缓慢；研发创新投入不足、投资分散；产、学、研脱节，科研成果转化率低等。项安波、陈小洪和张政军（2009）指出，我国制药企业规模小、经营分散，并且制药企业单一地以逐利为目的，热衷于仿制药生产模式，加剧了市场竞争。不规范的生产者用各种手段抢占市场份额、破坏竞争环境，在这样的环境中，真正有规模、具备竞争能力的制药企业生存困难，整个行业很难形成"研发→新药→高额利润→新一轮研发投入"的良性循环。

　　第四，监督体系有缺失，政策执行不到位，制度环境待完善。过去的几年间，我国一直积极致力于深化卫生体制改革，不断颁布新的药物政策，其内容覆盖药物监管与规制领域的各个方面，包括药物监管、药物认证制度、基本药物制度、药物筹资、定价、供应与采购、药物合理使用等。但是，药物政策在实际执行的时候依旧表现出很多不到位和不完善。例如，尽管在新药的研发、申报、核准与生产中，都涉及了关于药物的疗效、生产工艺和流程、质量安全标准等严格的管理要求和规范，但是较发达国家仍存在很大差距，尤其是在药物的研发创新机制、质量安全保障体系以及生产工艺和流程管理等方面；国家有关部门在药物成本调查基础上做出的指令性限价要求，忽视了不同制药企业所生产药物质量的差异性；在设计药物定价机制时做出的一些不合理规定，实际上导致外资企业与本土企业在获利水平上存在差距，没有在不违反市场规则的前提下体现对本土企业的保护机制；在药物采购中仍然存在大量违规违法行为，在药物使用领域仍然频繁发生药物质量问题等。其实，资本的诉求是单一的，人性是复杂的，在前述问题上，制度的建设并没有体现出对人性的约束，而使利益团体在单一的资本诉求驱动下，"钻"了监督体系缺失、政策执行错位的空子，直接或者间接地给整个制药业的研发创新带来影响。

5.4 我国制药业研发创新的政策建议

5.4.1 政府的作用分析

1. 药物研发特点——社会收益的视角

前述分析表明，制药业的研发主体是制药企业，在市场原则的基础上，制药企业进行自由竞争。从资本获取收益的视角来看，制药业具有大投入、长周期、高风险三个主要特点，除此之外，从医疗卫生的公平性角度来看，还有以下特点：

（1）药物关乎人民生命与健康，因此，药物研发应当受到严格的管制，必须通过相关法律法规的监管，以确保其质量、安全性和有效性。同时，还应保证其供应的稳定性。

（2）由于新药上市之前必须经历临床试验，因此应当确保科研机构、制药企业和卫生从业者加强合作，确保相关信息的交流与畅通，提高从基础研究到临床应用的效率。

（3）新药研发除了需要承担大投入、长周期、高风险，成功率通常也难以保证，而仿制药却相对容易很多，短期市场效果较好。但从长期来看，并不有利于国家制药业长足发展。

（4）通常情况下，市场价值和与大多数人认可的道德价值相去甚远。对于只影响到少数人群疾病的药物，由于其市场价值较小或者相对其研发成本而言较小，在没有适当政策激励的情况下，制药厂商将不主动生产。

（5）在无管制的状态下，研发创新药物及其高额成本支出往往容易成为制药企业获取垄断利润或者超额利润的主要借口，这直接影响到药物的可及性。

以上几个方面若不能得到较好的解决，将影响到卫生服务总目标的公平性，阻碍制药业为公共卫生服务做出贡献，并且有可能加重制药业的负担，影响其发展，并进一步影响到国家的整个卫生经济领域。

2. 政府的平衡与协调作用

政府的主要作用在于通过制订和实施国家药物政策，引导"产—学—研"和政府的多方合作，在达到目的的同时，消除或减弱上述问题导致的负面影响。具体来看，对于新药研发创新的支持，政府的作用主要表现在以下四个方面的平衡与协调：

首先，进一步深化市场机制改革，持续强化制度建设，完善各种配套措施，结合市场手段和政府管制有效配置卫生资源，鼓励、激励和引导制药产业资本投资于药物研发创新。

其次，进一步做好知识产权保护工作，充分利用制度的力量，激励和保护创新药物的研发行动，通过合理确定专利补偿方式，均衡处理药物可及性和专利保护的关系。

再次，进一步完善卫生服务和医药产销体系内外有关于创新药物的信息流动、传播和交换的机制及网络建设，使创新药物能够准确、及时和恰当地进入临床应用。

最后，进一步创造和完善循序渐进、持续有效、并保持稳定的药物注册与审批制度和环境，并使之能和药物创新互相适应，保证创新药物充足性、及时性、安全性和有效性。

5.4.2　主要的政策建议

基于上述分析，针对我国制药业研发创新管理提出以下政策建议：

（1）结合我国实际问题，不断修订完善药物法律法规和政策，借鉴美国、欧盟、日本等发达国家和地区的经验，构建完整的制度框架，在此基础上针对实践中的具体操作问题做进一步完善。例如，我国2007 年对药物注册管理办法进行了修改，对仿制药提出了更高的要求，并通过一系列措施鼓励发展新药、促进制药业升级。

（2）将国家发展战略规划和制药行业发展计划、具体项目结合起来，积极实施创新药物相关计划。针对我国制药业现状，以政府为主导，让制药企业、医疗结构、管理部门、患者等更多的利益相关者参与到这些计划中。

（3）采取多种措施，优化审批程序、缩短新药审批时间、提高审批效率。重视新药上市后的监测及不良反应对策，加强药物安全监管，确保药物安全。

（4）针对重大疾病制订专门的药物研发指南，规范重大疾病如癌症、糖尿病、胃癌、乙肝等领域的药物管理，针对重大传染病的预防和治疗需求，制订相应政策，促进以上领域内的药物研发。

（5）按照国际标准定义新药和仿制药，划清新药和仿制药的标准，鼓励技术创新，让低效率或无效率企业退出市场，让优秀的企业获得好的回报，尽快超越依靠仿制药发展的阶段。

（6）降低市场进入门槛，鼓励中小制药企业成长和创新。建立健全良好的进入退出机制，鼓励中小企业致力于创新，保持我国制药业的技术创新活力。同时，还要鼓励国内产业资本整合，形成一些具有市场竞争力的制药企业集团。

5.5　本　章　小　结

制药产业是研发创新最为密集的产业之一，在很多国家的药物政策中，药物研发创新都是一个非常关键的构成要件。基本静态模型表明，研发支出对药物销售增加的影响越显著，则生产者越愿意投入研发以促进销售收入增长。由于研发创新的影响会持续到未来，我们采用企业价值增量参数在动态模型的基础上做了分析，发现生产者有意愿通过持续增加研发支出，来实现企业价值最大化，这与传统的一般认识相吻合，即市场集中导致了企业选择研发创新。考虑到实际存在很多以出售专利为主的药物研发企业，我们做进一步分析，说明市场集中度水平并不是激励研发创新的必然要件，差异化程度同样很关键，特别是当市场的竞争比较激烈的时候。不管是自己加大研发支出，还是与其他生产者联合行动，都会淘汰对手，令生产者获得超额收益。

中国制药业的药物研发创新水平较低，研发投入远远不足，科研人力资源非常匮乏，医药管理体制存在问题，监督体系、政策和制度环境都有待完善。在整个药物研发创新体系中，制药产业资本承担了最主要的作用，政府的作用就在于协调与平衡各种关系，引导产学研多方合作，在国家药物政策制订和实施的过程中，注意强化或提升具有积极影响的内容，减弱或消除不利影响部分。

第6章 制度层面的制药企业价值与国家药物政策：专利保护

专利保护体系是一种能够有效激励研发创新行为的制度设计。当今世界上很多国家都已经建立各自的专利制度体系，这种体系也很好地保证了制药业的研发创新动力，促进了本国制药业的发展。然而，药物的可及性会受到专利保护制度的显著影响，这种影响体现了国家药物政策与制药价值诉求之间的矛盾。本研究这一章试图通过分析药物可及性和专利制度安排的相互关系及其协调，了解这种矛盾冲突的根本原因，寻求可能的协调机制，在制度层面上就制药企业价值和国家药物政策之间的交互机制展开分析。

6.1 药物专利保护的意义

1474 年，在欧洲，威尼斯共和国颁布了世界上首部专利法案。专利（patent）一词源自拉丁语中的"Litterae patentes"，本意是指"公共文献或公开的信件"，在最初，它代表中世纪欧洲的君主们签发的证明，以表明具备某种特殊权利，后来该词用于描述由英国国王本人签发的证明拥有独占权利的文件。在中国，最早关于"专利"的描述见于西汉时期桓宽所著《盐铁论》一书："名山大泽不以封，为天下之专利也。"从这些描述中，我们可以看出，专利代表一种垄断的资格：在生产或者流通领域内获取专享收益的一种权利。

专利是当今社会国际贸易规则中关于知识产权（Intellectual Property）的主要组成类别，它对于有效保障专利持有人的财产权利具有非常积极的意义，所以能很好地激励积极主动的研发创新行为。诺贝尔经济学奖获得者肯尼思·阿罗（Kenneth Arrow，1962）认为：研发创新意味着新的信息或者新的知识，基于福利主义观点，新信息或者新的知识——例如在生产工艺上的改进——会有助于自由交易。然而，尽管这使信息可以得到最佳应用，但是却不能给研发投资行为带来激励效果。在自由的经济体制下，应当有一种制度设计，把发明成果确定为发明者完整和独立的财产权利，以支持其持续地保持发明创造活动的热情。

现代工业中，制药产业是研发创新活动最为密集和频繁的领域之一（第五章对此有论及），曼斯菲尔德（Mansfield，1981）等研究了美国的 48 项新产品市场数据，结果显示，其中有 60% 的产品还处于四年的导入期时就被仿制。曼斯菲尔德和埃德温（Mansfield and Edwin，1985）此后的研究表明，通常在 12～18 个月的周期内，创新者的竞争对手就可以获悉他们所研发新产品的详情或新生产工艺。造成这一问题的关键原因在于，产业中人员和信息信息频繁流动和交换、对创新技术缺乏必要的保护、存在非正式的沟通网络等造成了关于创新研究的信息快速传播。同样，亨德森（Henderson，1996）等研究者也指出制药业中"很多的研发创新发现都公开发表在文献上……因此，通常大多数科学家都可以详细掌握他们的竞争者目前的研究进展，并且，科学家们还经常彼此引用，因为彼此的发现同样有助于各自的研究"。

由此看来，相对于普通制造业，制药业可能更加需要在专利保护制度的框架下发展，这很容易从以下行为找到解释：市场上任何一种新药物的模仿创制成本都很低，很容易在知识产权方面受到侵蚀。作为知识产权保护体系的一个重要内容，药物专利保护制度的设计目的就是要厘清知识产权的财产权利界限，明确受益归属。这有助于促进制药业在研发创新方面提升效率，有助于产业资本进一步在新药研发上做出投资决策。毕竟，产权界定不清晰，会导致投资者没有办法确切知晓自己的投资是否能够可靠地收回，是否存在着进入和退出障碍。

不过，药物及其所属的卫生健康领域都有一定的特殊性，它们都关系到人类的生存及生存质量，所以，药物专利制度不但是和制药产业资本财产权利保护相关的一个问题，它还与公众的生活质量与生命健康密切相关，所以当专利制度延伸到药物问题时，就必须要考虑例外原则与特殊性。这就意味着，在涉及药物问题时，不能只看到知识产权保护，还应当充分顾及药物可及性。比如，广大发展中国家在面临公共健康危机时，他们所遭遇的药物可获得性问题，同世界贸易组织（WTO）成员国一致认可的《与贸易有关的知识产权协定》（Agreement on Trade – Related Aspects of Intellectual Property Rights，简称 TRIPs 协定）中关于专利保护要求之间的矛盾和冲突，是由来已久、颇具争议的话题，协定中确定的专利保护条款，部分地要为日益走高的药物价格负责，它给广大不发达国家和发展中国家获得药物造成障碍。

自共同发布多哈公共健康宣言以来，针对公共健康领域中包括药物可及性在内的此类问题，各参与国积极考虑在知识产权保护框架内，寻求更具可行性的解决方案。在这一背景下，药物专利制度便进一步呈现出协调各参与方利益的特点，相关问题的解决应当在公共健康保护和激励研发创新之间达成平衡。

6.2 药物专利与制药企业价值

对于制药企业而言，药物专利构成其一项非常重要的知识型无形资产，这项资产的背后还包括一系列的专用支撑条件，如专门人才、专业知识以及特定的设备等。当这一无形资产投入生产领域时，将会对制药企业价值产生影响，甚至构成其基本决定因素。

假定某一药物市场内存在 1，2，3，i，…，n 个制药企业，价格对需求的反应曲线为 $p = p(Q)$。制药企业 i 持有药物专利（包括生产工艺改进或者新产品）的量为 φ_i，q_i 为制药企业 i 的产量，成本函数为 $C^i(q_i, \varphi_i)$，Q 为所有制药企业的总产量。制药企业拥有药物专利越多，则边际成本越低。即有：

$$C^i_{q\varphi} = \frac{\partial^2 C^i(q_i, \varphi_i)}{\partial q_i \partial \varphi_i} < 0$$

则制药企业 i 的利润函数为：

$$\pi_i = p(Q_i)q_i - C^i(q_i, \varphi_i) \qquad (6-1)$$

当 φ_i 给定时，关于 q_i 的利润最大化一阶条件为：

$$p(Q) + q_i p'(Q) - C^i_q(q_i, \varphi_i) = 0$$

上式全微分可得

$$p'dQ + p'dq_i + q_i p''dQ - C_{qq}^i dq_i - C_{q\varphi}^i d\varphi_i = 0$$

进一步整理可得：

$$dq_i = \frac{p' + q_i p''}{C_{qq}^i - p'} dQ + \frac{C_{q\varphi}^i}{p' - C_{qq}^i} d\varphi_i \qquad (6-2)$$

其中：

规定 $\mu_i = \dfrac{p' + q_i p''}{p' - C_{qq}^i} < 0$，它表示制药企业 i 对于竞争者产量变化的反应；

规定 $\nu_i = \dfrac{C_{q\varphi}^i}{p' - C_{qq}^i} > 0$，它表示制药企业 i 产量的变化对持有专利量的反应，它取决于该制药企业增加持有专利资产所减少企业边际生产成本的程度，同时也取决于产量变化对企业价格与边际成本差额的影响，则式（6-2）可表示为：

$$dq_i = -\mu_i dQ + \nu_i d\varphi_i \qquad (6-3)$$

对上式从 1 到 n 进行累加，则有：

$$\sum_{i=1}^{n} dq_i = -(\mu_1 + \mu_1 + \cdots + \mu_n)dQ + \nu_1 d\varphi_1 + \nu_2 d\varphi_2 + \cdots + \nu_n d\varphi_n$$

整理可得 $dQ = \dfrac{\nu_1 d\varphi_1 + \nu_2 d\varphi_2 + \cdots + \nu_n d\varphi_n}{1 + \mu}$，其中 $\mu = \mu_1 + \mu_1 + \cdots + \mu_n$

当某一单个制药企业（不失一般性，以下假定为制药企业 1）增加持有药物专利的数量，而其他制药企业并不增加时，即设 $d\varphi_1 > 0$，$d\varphi_2 = \cdots = d\varphi_n = 0$，由上式可得制药企业 1 对增加持有药物专利资产的产量反应为：

$$\frac{dQ}{d\varphi_1} = \frac{\nu_1}{1 + \mu} \qquad (6-4)$$

则根据式（6-3）可得：

$$\frac{dq_1}{d\varphi_1} = -\mu_1 \frac{dQ}{d\varphi_1} + \nu_1 = \nu_1 \left(1 - \frac{\mu_1}{1 + \mu}\right) > 0 \qquad (6-5)$$

$$\frac{dq_i}{d\varphi_1} = -\mu_1 \frac{dQ}{d\varphi_1} = -\frac{\mu_1 \nu_1}{1 + \mu} < 0, \ i \neq 1 \qquad (6-6)$$

此时，对式（6-1）全微分可得：

$$d\pi_i = p'q_i dQ + (p - C_q^i)dq_i - C_\varphi^i d\varphi_i$$

则可知制药企业 1 对于增加持有药物专利资产的利润效应为：

$$\frac{d\pi_1}{d\varphi_1} = p'q_1 \frac{dQ}{d\varphi_1} + (p - C_q^1)\frac{dq_1}{d\varphi_1} - C_\varphi^1$$

同时代入式（6-4）和式（6-5），整理可得：

$$\frac{d\pi_1}{d\varphi_1} = p'q_1 \frac{\nu_1}{1+\mu} + (p - C_q^1)\nu_1\left(1 - \frac{\mu_1}{1+\mu}\right) - C_\varphi^1 \qquad (6-7)$$

上述分析表明，制药企业在持有专利上的投资将导致其均衡市场份额增加，而市场内所有其他企业的均衡产量下降，由此，该制药企业持有药物专利成本许可的条件下，在市场上的利润将增加。

6.3　专利药"对面"的仿制药

从知识产权的角度来看，药物生产一般分为两大类：专利药（Brand Pharma，如 Glaxo，Merck 等生产厂商）和仿制药（Generic Pharma，如 Zenith，Genva 等生产厂商）。专利与其他资产不同，一旦法律寿命到期，就将成为公众的共同资产而令全人类受益。因此，在药物专利保护问题上，关于仿制药的讨论是无法绕开的。专利保护很好地激励了企业的研发行为，但影响到药物的可及性。20 世纪 60 年代中期，美国政府规定只要药物的化学结构与专利处方药一样，就无须花费高额费用进行动物和临床试验，省却了大量时间、精力和金钱，一旦品牌药的专利到期，仿制药会立刻跟上，首家仿制药因其药效及价格优势，很容易快速抢占市场份额，自此，仿制药工业开始发展（路阳，2004）仿制药通常以其有效成分的化学名命名，它并不是假药，而是指在成分上模仿创新药，在药学指标和治疗效果上与创新药完全等价。就美国市场而言，仿制药一般在品牌药专利保护失效后进入市场，售价也远低于专利药，但仿制药同样受到严格的政府规范。

以下借助于霍特林（Hotelling）关于产品差异化模型的分析思路来分析仿制药的生产动机（Hotelling，1929）。类似于地理空间的概念，将某一类仿制药物根据其某一特点（如药物的甜度、外包装等，但该特点与药物质量、疗效无关，且消费者能直接感觉到）在实践上进行定位。仿制药的一个重要特征就是相近产品的替代品数目问题。比如，当消费者突然发现自己常用的某种胃药①，比其他同类别价格突然上涨很多，他是否会考虑从一些相似的同类药物里进行挑选，来作为替代品呢？

给出霍特林模型假定条件如下：

（1）所有消费者沿着一条有限长度为 L 的直线均匀分布，每单位长度上存在一个消费者。

（2）每个消费者、每个时期购买一个单位，产品需求完全无弹性。由于产品是同质的，差异只在于区位不同，消费者将从交货价格最低的生产者那里购买。

（3）生产的边际成本为常量。企业面对固定的生产成本，但同时假定可以无条件的改变生产位置，即生产者可以很容易地找到消费者。

（4）生产者数目固定，通常限定为两个，这里定义为药企 A 和药企 B，并且各自只有一个生产地点。

（5）单位产品每单位距离的运输成本为常量。

在上述假定的基础上，给出霍特林线性模型如图 6－1 所示。

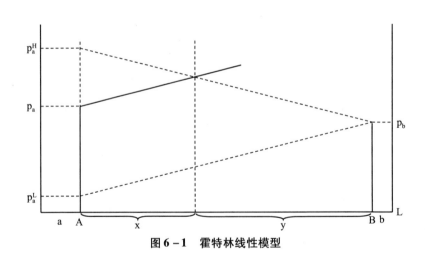

图 6－1　霍特林线性模型

假定存在某同一类型的药物 A 和药物 B（比如头孢类抗生素），在 L 轴上的每一点用于区别药物 A 和药物 B 连续变化的某些特征，如口服

---

① 如 Omeprazole，中文名奥美拉唑，英文别名 Losec，Mopral，一种消化道用药，在我国于 2004 年 11 月专利保护到期，国内企业争相仿制。

药的口味差异。消费者在 l 轴上的位置表明消费者的消费偏好，而药企 A 和药企 B 所在的位置则表明其各自生产的两种同类型药物（针对同一适应症）的特征量。

于是，对于每个消费者而言有下式成立：

$$p_d = p_i + x_i C$$

其中，p_d 为交货价格，$p_i(i = a, b)$ 为生产者发货价格，C 为单位距离运输成本，$x_i(i = a, b)$ 为生产者到消费者的距离。这里假定药企 A 位于 l 轴的左端 a > 0 处，药企 B 位于 l 轴的右端 b > 0 处，且有 a + b ≤ L，即令药企 A 始终位于药企 B 的左边。距离药企 A 为 x_a 单位的消费者为了从药企 A 购买一单位药物 A 所支付的交货价为 $p_d = p_a + x_a C$，距离药企 B 为 x_b 单位的消费者为了从药企 B 购买一单位药物 B 所支付的交货价为 $p_d = p_b + x_b C$。消费者将从提供最低交货价的企业处购买产品。

假定药物 A 和药物 B 在 a，b 处价格分别为 p_a 和 p_b，则当药物 A 在高于价格 p_a^H 时，所有消费者将购买药物 B；而如果药物 A 的价格低于 p_a^L，则所有消费者将购买药物 A。p_a^H 和 p_a^L 由以下公式给出，分别表示药物 B 在 a 处的价格和药物 A 在 b 处的价格。

$$p_a^H = p_b + c(L - a - b), \quad p_a^L = p_b - c(L - a - b)$$

以上 L − a − b 表示药物 A 和药物 B 在消费者关心的某一特征上的差异，因此当价格足够高（例如 $p_a > p_a^H$）或者足够低时（例如 $p_a < p_a^L$），价格变化将导致需求从一种药物转向另一种药物。但对于中间价格 $p_a \in [p_a^L, p_a^H]$，则存在一个消费者从购买药物 A 或者购买药物 B 没有差异的情况，对于同一消费者而言，两种药物价格是相同的，即：

$$p_a + xC = P_b + yC，并且 a + x + y + b = L$$

其中 x 是消费者到药企 A 的距离，y 是消费者到药企 B 的距离，消费者此时无论购买药物 A 还是药物 B 是没有差异的。

求解上式可得：

$$x = \frac{1}{2}\left[l - a - b + \frac{p_b - p_a}{c}\right], \quad y = \frac{1}{2}\left[l - a - b + \frac{p_a - p_b}{c}\right]$$

于是药企 A 的利润函数可以表示为：

$$\pi_a = p_a q_a = \begin{cases} p_a^L & p_a < p_a^L \\ p_a(a+x) = \dfrac{1}{2}(L+a-b)p_a - \dfrac{p_a^2}{2C} + \dfrac{p_a p_b}{2C} & p_a^L \leq p_a \leq p_a^H \\ 0 & p_a^H < p_a \end{cases}$$

也就是说，药企 A 面临一个分段的利润函数。当 p_a 从某一足够低点上升到 p_a^L 时，π_a 将从 $p_a l$ 下降至 $p_a(1-b)$；当 p_a 持续上升到高于 p_a^H 时，π_a 将下降为 0，即药物 A 的所有消费者都将转向药物 B。

同理可知药企 B 的情况如下：

$$\pi_b = p_b q_b = \begin{cases} 0 & p_a < p_a^L \\ p_b(b+y) = \dfrac{1}{2}(L-a+b)p_b - \dfrac{p_b^2}{2C} + \dfrac{p_a p_b}{2C} & p_a^L \leq p_a \leq p_a^H \\ p_b^L & p_a^H < p_a \end{cases}$$

那么，对于中间价格 $p_a \in [p_a^L, p_a^H]$ 情况下的利润最大化一阶条件为：

$$\frac{\partial \pi_a}{\partial p_a} = \frac{1}{2}(L+a-b) - \frac{p_a}{C} + \frac{p_b}{2C} = 0, \quad \frac{\partial \pi_b}{\partial p_b} = \frac{1}{2}(L-a+b) + \frac{p_a}{2C} - \frac{p_b}{C} = 0$$

由上式可得均衡价格、需求量和利润分别为：

$$p_a^* = C\left(L+\frac{a-b}{3}\right), \quad q_a^* = a+x = \frac{1}{2}\left(L+\frac{a-b}{3}\right),$$

$$\pi_a^* = p_a^* q_a^* = \frac{C}{2}\left(L+\frac{a-b}{3}\right)^2$$

$$p_b^* = C\left(L+\frac{b-a}{3}\right), \quad q_b^* = b+y = \frac{1}{2}\left(L+\frac{b-a}{3}\right),$$

$$\pi_b^* = p_b^* q_b^* = \frac{C}{2}\left(L+\frac{b-a}{3}\right)^2$$

且二阶条件 $\frac{\partial^2 \pi_a}{\partial^2 p_a} < 0$，$\frac{\partial^2 \pi_b}{\partial^2 p_b} < 0$，则 π_a^*，π_b^* 为最大利润函数。由上式可知，π_a^* 随着 a 的上升而上升，π_b^* 随着 b 的上升而上升，这表明药企 A 和药企 B 都有向市场中心移动的趋势，并总是能够通过向对方的位置移动而赚取更多利润。当两家药企在做出生产药物的选择时，将定位在市场中心（a = b = 1/2），那么均衡价格为 $p_a^* = p_b^* = Cl$。基于对方不再降低价格的推测，当两家制药企业位于相同点时，都不会有把价格降至另一制药企业价格之下的动机。他们所期望的结果是在不增加销售

的条件下，减少降价者在更高价格上得到的销售收益。

换言之，正如霍特林的结论一样，企业有集聚的趋势："购买者到处面对极度的相似。当一个新的商人或制造商建立门店时，他不必生产与市场完全相同的某个东西，否则，他就会冒着伯特兰德（Bertrand，1883）讨论过的、与古诺模型的矿泉水之争相关联的那种价格战风险。但是他们确实存在着使得新产品非常类似于老产品的动机。仅仅做出一些轻微的改动，不需要在某一方向上走出太远，对于尽可能多的买者来说就已经是一种改进……可以这么说，为了使新产品拥有与老产品一样多的顾客，只需在其竞争者和众多顾客之间造就轻微的差异。"

分析表明，仿制药生产者存在着使得新产品非常类似于老产品的动机，并且，仿制药对于制药企业而言，可以较低的成本进入一个相对成熟的市场。不过，值得注意的是，受专业知识和能力所限，消费者不可能详尽了解市场上名目繁多的药物的性能，并且获得这些知识和信息需要较高的搜索成本，所以，普通消费者来说，有时候需要借助于医生或药剂师意见，在不同的品牌中进行理性的选择。但在多数很多情况下，尤其是购买 OTC 药物时，往往靠企业的声誉品牌等做出判断。所以，即使进入者能生产与在位厂商相同的产品，但是，由于消费者对进入厂商的产品质量处于不确定的状态，在位厂商相对于进入厂商之间就可能存在不对称的优势，在位厂商只需要稍微降低价格则可以将进入厂商拒之门外。

6.4　专利期及 Hatch – Waxman 法案

6.4.1　药物专利期限

当一家制药企业成功获取了一项药物专利时，就意味着该企业拥有了未来的一段时期内合法垄断该药物生产技术、获取超额利润的权利。如前所述，制药业中专利对于创新的激励作用比其他行业更重要，因为如果不能通过专利制度有效界定产权，并予以保护，那么一旦一个新的药物进入市场，模仿其化学构成的成本一般都很低。问题在于，专利期限的长度应当如何确定呢？诺德豪斯（Nordhaus，1963）给出了关于专利合法垄断的最优期限解释。

假定完全竞争市场处于长期均衡，所有制药企业都以固定的边际成本 MC 生产，需求函数为 $p = a - bQ$，若某个制药企业通过一项专利技术生产药物，获取每单位超额收益 $\Delta\pi$，研发的成本——收益函数为 $C_{RD}(\Delta\pi) = \alpha\Delta\pi^{1+\beta}$。专利期 T 内，在该企业以每单位特许使用费 Δc 的方式，允许其他企业使用该项专利。专利期满后，其他所有企业都可以免费使用该技术，给定的利率为 r，则该项专利可获取收益的当前折现值为：

$$PV = \frac{(1 - e^{-rT})}{r}\Delta\pi Q - \alpha\Delta\pi^{1+\beta}$$

给出上式最大化的一阶条件为：

$$\frac{\partial PV}{\partial \Delta\pi} = \frac{(1 - e^{-rT})}{r}Q - \alpha(1+\beta)\Delta\pi^{\beta} = 0$$

则有：当 $\Delta\pi = \left[\frac{(1 - e^{-rT})Q}{\alpha(1+\beta)r}\right]^{\frac{1}{\beta}}$ 时，PV 有最大值。即：

$$\frac{\partial \Delta\pi}{\partial T} = \left[\frac{Q}{\alpha(1+\beta)r}\right]^{\frac{1}{\beta}}\frac{r}{\beta}(1 - e^{-rT})^{\frac{1}{\beta}-1}e^{-rT} > 0$$

因此，专利持续时间越长，则创新者收益越大，激励作用也越大。

上述分析表明，对于制药企业而言，越长的专利期激励作用越大，有利于做出进一步的研发投资行为。然而，这种长期的专利保护会导致的垄断无效率。显然，从消费者的角度以及国家维护公共健康的需要来看，最有效率的安排应当是该项专利的保护期为零，即关于新药（或者新工艺）的知识的价格为零，不过，这显然会失去激励作用，而不再有制药企业愿意做出研发行为。因此，国家药物政策此时所面临的一个问题是考虑在 $\Delta\pi$ 与 T 相关的情况下，选择恰当的 T 使社会福利最大化。

如图 6 - 2 所示，在专利期内，该制药企业获得的超额收益为 □P_0P_1AH，专利期满后，仿制药出现，市场恢复完全竞争状态，新药价格降至由边际成本 C_1 决定的 P_1，产量增加至 Q_1，总收益变为 □P_0P_1AH 和 △HAB 两部分，△HAB 为由于原先专利垄断而导致的原先损失的消费者剩余部分。

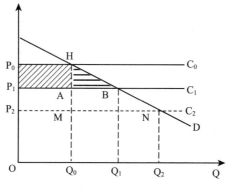

图 6-2　药物专利期与消费者福利

　　现在如果通过延长专利期 T，以激励该制药企业进一步扩大研发规模，研发的结果使药物价格在未来进一步降低至边际成本 C_2 决定的 P_2，则在专利期内，超额收益扩大至 □$P_0 P_2 MH$ 使专利持有者的处境得到进一步改善。虽然专利期后，消费者剩余也得到了增加，总的收益变为 □$P_0 P_2 MH$ 和 △MNH 两部分，但值得注意的是由于专利期的延长，推迟了消费者获得新药的治疗的时间，从而使消费者的当前期望福利降低了。举例来说，尽管从全体患者的角度来看，增加了治愈的希望和未来能以较低价格买入药物的可能，但对某些患者来说，可能因为药价过高，而无法在有生之年得到治疗。

6.4.2　哈奇—韦克斯曼（Hatch-Waxman）法案

　　上述分析表明，药物专利期限过长或过短都不合适，一个暗示性的结论似乎表明答案应存在于两者之间的中间地带。对此，Hatch-Waxman 法案给出了一个很具有参考价值的、事关专利保护与药物可及性相协调的解决方案。

　　专利药的显著特点是开发投资大、风险大、周期长，仿制药则不存在这一问题。在美国，从发现有可能成为创新药物的先导化合物申请专利开始，到最终获得批准把新药推向市场，通常要经历一个漫长时间（参见第 5 章分析及图 5-4）。

　　美国的专利制度历史悠久，早期美国的药物专利保护期限与其他产品的保护期限没有什么不同。1984 年以前，在新药研发时期合法的专

115

利期限就开始扩展，大部分时间被上市前的研发活动和管制活动消耗掉了，通常只剩下 8 年左右的时间拓展市场。往往创新药物上市后不久，市场刚刚培育成熟，其专利权就到期了，专利药企业无法获得足够的药物研发回报，从而导致投入的巨额研发费用得不到市场的补偿。这种情况极大地挫伤了专利药企业进行新药研发的热情，最终没有制药商愿意进行新药研发。所以，在独家垄断专利药物市场阶段，由于制药企业希望早日收回研发投资，药物经常定价过高，造成了医药费用支出过高，而促进仿制药发展则对于控制药物价格、降低医药费用支出具有重要意义。

这种矛盾在 1983 年罗氏（Roche）诉 Bolar 侵权案中得到了集中体现。

安眠药盐酸氟西泮为罗氏公司的专利产品，1983 年，Bolar 公司为了能尽早在市场上推出该产品的仿制品，在专利届满前即开展了生物等效性试验等早期工作，并向美国 FDA 提出申请。同年 7 月，Roche 公司起诉 Bolar 专利侵权。经过二审，联邦巡回上诉法院认为，Bolar 公司的行为是有商业目的的，并最终判定 Bolar 公司侵权。但法院同时提出，在专利保护期终止前禁止仿制药物的试验研究实际上是变相延长了专利保护期，这一矛盾应通过立法解决。

为了平衡药物专利期与仿制药尽快上市之间的矛盾，美国国会于 1984 年通过了《药物价格竞争与专利期补偿法案》（*Drug Price Competition and Patent Term Restoration Act*），该法案是由美国的众议员哈奇（Hatch）和参议员韦克斯曼（Waxman）联合提出，并得到国会批准，因此，该法案经常被叫作哈奇－韦克斯曼（Hatch－Waxman）法案（Hatch－Waxman Act）。该法案对美国乃至世界制药业产生了深远的影响。

该法案中的两个主要条款内容为：（1）延长专利药企业的专利期限，其时间等于 FDA 审查的时间加上一半的临床测试时间，以弥补研发和管制所导致的专利期限消耗；（2）如果仿制药生产企业的研发目的是上市，那么可以享受专利侵权豁免，即在专利年限内，只要符合 FDA 的规定，就可进行仿制药研发，而不构成侵权。

该法案的核心内容很好地反映在了法案名称上，即该法案一方面对于专利药进行了专利补偿，导致了获利，即通过延长药物专利期来弥补由于药物开发所失去的有效专利时间，补偿了创新药物在专利期限上的损失。另一方面，该法案通过加快仿制药上市来鼓励药物的价格竞争，使仿制药厂商进入更加容易，对于专利药厂商来说带来了损失，但专利药厂商的损失就是仿制药厂商的获得，图 6 - 3 描述了这两个方面的情况。

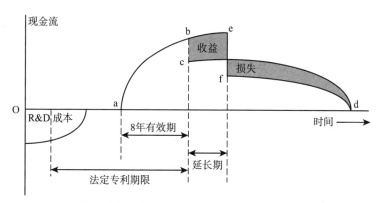

图 6 - 3　关于哈奇—韦克斯曼（Hatch - Waxman）法案的说明

资料来源：Henry Grabowski and John Vernon. Longer Patents For Lower Imitation Barriers.

如图 6 - 3 所示，考虑一种新药拥有 20 年专利期的收益情况变化。1984 年以前的纯收益为 abcd，1984 年里根总统签署哈奇—韦克斯曼（Hatch - Waxman）法案之后的纯收益为 abefd。1984 年以前，一般在研发时期，合法的专利期限就开始扩展，最终进入市场之后（a 点），由于合法的专利期限被上市之前的研发活动以及 FDA 的审查占用了，市场占有时间只有 8 年。哈奇—韦克斯曼法案延长了专利的有效时间，以弥补 FDA 审批新药导致的专利时间消耗，如图中 be 部分为延长专利期的收益补偿。同时，哈奇—韦克斯曼法案也降低了进入壁垒，鼓励仿制药尽快进入市场。相比于 1984 年以前，原来专利到期后，专利药生产者的净收益下降为 bc，而哈奇—韦克斯曼法案之后，净收益下降更多，如图中 ef 所示。

哈奇—韦克斯曼法案提高了对研发投资的激励，但从福利分配的角度来看，哈奇—韦克斯曼也产生了正的收益，因为该法案简化了仿制药的审批程序，废除了无效率的科学测试过程，降低了成本，将大部分收益从生产者转到消费者，同时也为消费者降低了价格，从而减轻了负担。该法案是在各种利益集团（制药企业及其协会组织、消费者、仿制药企业等）协商妥协基础上得以通过的，该法案"调和了医药产业里两种立场相对、利益竞争的关系。这两部分经常破坏彼此试图影响法律的企图，以研究为基础的制药企业从延长新药专利期限中获得利益，以补偿其因 FDA 审查导致的损失；仿制药企业则从专利期满开始就能够生产仿制药，而不需要再进行研究和在通过 FDA 审查上浪费时间；而公众则接受了以下结果：今天的药应更便宜，明天的药应更好。"（美国参议院，1984），最后一句话是否可以理解为一种暗示性的结论：前者鼓励仿制药，而后者则鼓励创新药，二者应当并且可能并行不悖呢？

6.5 专利保护、药物的可及性以及 TRIPs 协定

世界上每年有上千万人死于艾滋病、肺结核、疟疾以及其他各种疾病。公共健康问题在过去还仅仅是广大发展中国家和不发达国家所面临严峻问题，近年来，随着各种新型的疾病尤其是传染病如非典、禽流感、甲流等以及恐怖主义的出现，公共健康问题日益成为全人类共同面对的严峻挑战。

专利制度有效地激励了研发行为，为人类克服各种病痛带来了希望，但同时也不可避免地大幅度提高了药价，增加了使用者的负担，阻碍了药物的可及性，而仿制药却能使消费者以较低的价格获得同样的治疗效果，比如专利药物拉米夫定（3TC），据估算，对于每一名患者来说，如果使用专利持有者葛兰素史克（Glaxo Smith Kline）公司的药物，总费用为 3271 美元，而如果使用仿制药生产商 Cipla 和 Hetero 的产品，则费用分别是为 190 美元和 98 美元。引入仿制药竞争后，专利药价格会下降更明显，例如，研究表明巴西在引入仿制药前、后的平均药价下降幅度为 79%（刘莹和梁毅，2007）。再比如，卫生经济学家格拉博夫斯基和弗农（Grabowski and Vernon，1996）曾分析了 1984～1991 年专利到期的品牌药及其仿制药价格比较，如表 6-1 所示，研究表明专利药进入市场后价格不断上升，而仿制药上市时，其价格只有专利药的 2/3 左右，并在两年之后降至大约 1/3。与此同时，有越来越多的消费者选择了仿制药作为替代，仿制药的市场份额也一直在不断上升。但

是，从另一个角度来看，药物虽然不属于公共产品，可它具有明显的外部性特点。例如，通过使用药物治愈传染病而减少其感染他人的机会，从而增加整个社会的福利。制药企业作为研发力量的主要承担者有责任和义务不断投资于新药研发，对抗不断出现的新疾病，维护人类的健康权利。如果没有专利制度予以保护，很难想象产业资本会有投入研发的动力，而人类又该如何面对新的公共健康危机。

表 6 − 1　　　　格拉博夫斯基和弗农：1984 ~ 1993 年药物
市场仿制药竞争绩效分析

	仿制药市场竞争数据			
	1984 ~ 1985 年	1986 ~ 1987 年	1989 ~ 1991 年	1992 ~ 1993 年
专利药平均价格指数				
进入之日	1.0	1.0	1.0	1.0
进入后一年	1.06	1.08	1.06	1.05
进入后两年	1.11	1.12	1.10	1.09
仿制药平均价格指数				
进入之日	1.0	1.0	1.0	1.0
进入后一年	0.77	0.79	0.86	0.67
进入后两年	0.65	0.67	0.63	0.54
仿制药与专利药平均价格指数比				
进入之日	0.63	0.59	0.61	0.68
进入后一年	0.47	0.44	0.49	0.43
进入后两年	0.38	0.36	0.35	0.33
仿制药市场份额（以物理单位计算占总市场份额比）				
进入之日	0.07	0.11	0.13	0.20
进入后一年	0.32	0.38	0.41	0.64
进入后两年	0.45	0.54	0.59	0.73

资料来源：H. G. Grabowski 和 J. M. Verno. Longer parents for increased Generic Competition in the U. S, 1996.

近年来，相关国际组织、非政府组织以及研究者一直就知识产权、创新和公共健康之间的关系进行了热烈而富有建设性的讨论和研究，其中的热点和重点议题之一，就是如何在专利制度下为解决公共健康问题、增强药物的可及性寻求更可行的方案。相关的研究、讨论以及各国所做出的努力在 TRIPs 协定与公共健康危机的争论中表现极为突出。

TRIPs 协定是《与贸易有关的知识产权协定》（Agreement on Trade-Related Aspects of Intellectual Property Rights）的简称，该协定包含于 1994 年乌拉圭多边贸易谈判形成的《关于建立世界贸易组织的协定》中。TRIPs 协定对于知识产权的明确保护影响到公众在必需药物上的可及性问题，进而影响到各个国家的公共卫生事业。各国政府尤其是发展中国家对于如何平衡知识产权保护与公众健康利益，确保药物专利保护政策不损害公共健康给予了高度关注。

为了解决发展中国家日益严重的公共健康危机，2001 年 11 月，在多哈召开的世界贸易组织（WTO）第四届部长级会议上发表了《TRIPs 与公共健康多哈宣言》（即多哈宣言），对许多第三世界国家公众健康问题的严重性给予了高度关注和讨论，尤其是在艾滋病、结核病、疟疾等传染病严重肆虐的国家。会议各方认为 TRIPs 协定不应成为维护公众健康的障碍，而应以有助于保护公众健康的方式来解释和实施。2003 年 8 月，世界贸易组织（WTO）全体成员达成共识：在发生公共健康危机时，作为临时性措施实施，发展中国家和最不发达国家可对专利药物实行强制许可，以帮助解决公共健康问题。2005 年 12 月，根据上述共识，世界贸易组织（WTO）把实施专利药品强制许可制度以永久修正形式纳入 TRIPs 协定，突破了 TRIPs 协定关于专利的限制，这将有助于大大降低相关专利药物的市场价格、迅速有效地控制和缓解公共健康危机。

这一修正表明了整个国际社会对于当公共健康问题与知识产权保护存在矛盾与冲突时的一个价值取向：公共健康权应当优于药物专利保护。但它也表明从发展的角度来看，一个恰当的专利制度安排也必将有利于公共健康的改善。

6.6　本章小结

本章以专利保护为分析对象，主要从制度层面关注了产业资本诉求、制药企业价值与国家药物政策的关系。从长期来看，药物专利保护作为一项重要的知识产权保护内容仍将长期存在并发挥其作用。作为一种制度安排，专利政策能够有效地激励科技创新，促使社会不断向前发展，满足人类发展日益涌现的新需要。从其本质来看，专利政策的设计目的原本并不构成药物可及性的障碍，恰恰相反，在一个合理的专利制度体系下，会不断促进药物研发创新、治愈各种疾病，改善人类生活质量。

然而，产业资本在寻求其利益最大化的过程中，以企业为载体，明确界定了专利收益的产权边界，导致了产业资本诉求与公共健康问题无法避免的利益冲突。尤其是对于发展中国家和不发达国家，专利保护对于药物可及性的影响十分明显，两者的冲突只能进一步协调而不可能完全消失。

默克公司（Merck Co.）的创始人乔治·默克（George Merck）曾经这样说过："我们应当永远铭记，药物是为造福人类而生产，不是为追求利润而制造。只要我们坚守这一信念，利润必将随之而来。"这就提醒我们，虽然我们目前鼓励制药不断创新和发展自主知识产权的药物，但用发展的眼光来看，也不能盲目地完全依靠市场和专利机制发挥作用，而应当必须在有序、兼顾地不断完善专利制度，逐步加强药物保护的同时，增强制药企业的社会责任感，通过各种渠道和方式，保障药物的可及性和公民的健康权。

121

第7章 国家药物政策的经济后果: 基于资本市场的实证检验

前已述及,制药产业资本以制药企业为载体,通过在行业市场的一系列行为表现使制药企业价值最终在资本市场中得以实现。这种价值的实现主要表现为投资者对于企业价值的认可。本章将对国家药物政策的经济后果在资本市场中的反应进行验证。

7.1 引　　言

国家药物政策的终极目标应当是服务于公众的健康需求,是一项或者多项基于社会伦理和公正的公共政策。然而,国家药物政策的制订与实施是否存在经济后果,对制药业产生经济影响?制药企业对于国家药物政策会产生何种反应?药物政策多种多样,在本研究中,为了能够较为全面地观察药物政策对于资本市场的影响,特选择基本药物政策进行观察。基本药物制度涵盖了基本药物的遴选、生产、流通、使用、支付、监测等环节,一方面"着力保障药品安全有效、价格合理、供应充分",另一方面"推动医药产业转型升级"。因此,基本药物政策是包含了关于社会目标与经济目标的典型政策。我国首次实施基本药物政策是在 2009 年,2012 年进行了第一次调整,截至 2017 年 12 月 31 日,一直未再进行调整。考虑到以下两点:(1)调整专业目录导致受影响企业会发生变化,从而研究样本会有变动;(2)基本药物制度(2009)为首次实施,经历了更长的讨论、听证和决策过程,可能会对市场有更多的冲击,更有利于甄别和测定药物政策的影响。本章以基本药物制度(2009)的制订、颁布和实施为契机,追溯研究国内资本市场对这一过程的反应，以增加制药企业关于国家药物政策反应的经验证据。研究的主要特点在于：第一，首次采用事件研究方法测定资本市场对于国家药物政策的反应；第二，本研究在事件选择上尽量覆盖基本药物制度从制订、颁布到实施的全过程，有利于全面观察资本市场对于国家药物政策的反应。

7.2 事件研究方法

事件研究方法（Event Study Methodology）是金融、会计、财务和经济等领域的一种经济计量研究方法。其研究结果可以用于分析资本市场与某一特定事件或信息是否有关联性，其主要方法是通过统计检验异常报酬率（abnormal return）是否显著为零，从而判断某个事件释放出来的信息是否对市场产生冲击，再进一步地观察异常报酬的正负是否具有统计上的显著性，据以判断市场对该事件或新信息的评价。该方法近年来在评价公共政策、政治、法律诉讼等相关领域研究逐渐见多，本节对事件研究方法相关文献做简单回顾，旨在探讨利用事件研究方法评价药物政策影响的可能性及注意事项。

7.2.1 事件研究方法文献回顾

事件研究方法已有了较长的历史。最早在金融领域运用事件研究方法的是多利（Dolley，1933），他选取了 1921 ~ 1931 年的 95 只股票为样本研究了股票分割的价格效应。此后的数年间，有众多研究者进一步完善和发展了事件研究方法，这些研究包括迈耶斯和贝凯（Myers and Bakay，1948）、贝克（Baker，1956）、艾希莉（1962）等，他们的主要贡献是将混合在一起的事件进行了甄别和归类。

鲍尔和布朗（Ball and Brown，1968）对会计盈余的信息内含以及法玛、费舍、詹森和罗尔（Fama，Fisher，Jensen and Roll，1969，以下简称FFJR）对股票分割的市场反应研究确立了事件研究法在实证研究中的地位和作用，他们的研究成果问世以后，事件研究才得以最终"成熟"（MacKinlay，1997）。尤其是 FFJR 的关于介绍事件研究方法的论文，堪称该领域的经典。宾德尔（Binder，1998）研究发现，根据社会科学引文索引（Social Sciences Citation Index，SSCI），自法玛等人的研究发表以来（1969），截至 1994 年，该文献被索引了 516 次，25 年间的平均引用次数为 21 次/年。

20 世纪 70 年代以后，关于事件研究的文献大量涌现。科哈塔和沃尔纳（Khotari and Warner，2006）曾对此专门进行了研究，他们检索了 5 种权威杂志（Leading Journal）：商业期刊（Journal of Business）、金融期刊（Journal of Finance）、金融经济期刊（Journal of Financial Economics）、金融与数量分析（Journal of Financial and Quantitative Analysis）和金融研究评论（The Review of Financial Studies），自 1974～2000 年总共得到了 565 篇文献，并仍在增长。

关于事件研究的文献主要分为事件研究方法论和事件研究方法的具体应用两大类。

（1）事件研究方法论。文献主要着眼于事件研究方法本身的完善与发展。宾德尔（Binder，1998）认为，FFJR（1969）"开创了会计、经济与金融领域的方法论革命，因为事件研究方法已经广泛应用于上述领域，以检验证券价格对于事件的反应。"其印证文献散见于鲍尔（1990）关于会计研究的文献，施沃特（Schwert，1981）、宾德尔（Binder，1985）关于管制对影响证券市场的影响，以及圣多美罗（Santomero，1991）关于货币供应的研究等，覆盖了会计、金融、财务、规制经济、宏观经济乃至法律、政治等多个领域。科哈塔和沃尔纳（Khotari and Warner，2006）也认为："即使对过去 30 年来的事件研究仅作最粗略的审阅也会发现这样一个惊人的事实：事件研究的基本统计模式并没有随着时间推移而发生变化。它仍然是基于法玛、费舍、詹森和罗尔（Fama，Fisher，Jensen and Roll，1969）经典的股票分割事件研究。关注的焦点仍是衡量事件期内样本的异常收益均值和累积异常收益。"

虽然如此，FFJR 之后，仍有大量学者包括 FFJR 等人对于事件研究方法进行了深入的研究、发展和完善。这些研究包括但不限于以下学者，如布鲁姆（Blume，1971）、斯科尔斯（Scholes，1972）、戈莱德（Gonedes，1973）、杰夫（Jaffe，1974）、曼德克（Mandelker，1974）、法玛（Fama，1976）、科林斯和登特（Collins and Dent，1984）、布朗和沃尔纳（Brown and Warner，1985）、伯纳德（Bernard，1987）、麦考逊和帕奇（Mikkelson and Partch，1988）、梅斯·摩尔和罗杰斯（Mais Moore and Rogers，1989）、钱德拉和巴拉康德兰（Chandra and Balachandran，1990）、考恩（Cowan，1991）、卡拉菲斯和斯潘塞（Karafiath and Spencer，1991）、斯威尼（Sweeney，1991）、塞林格（Salinger，1992）、坎贝尔和麦金利（Campbell and Mackinlay，1997）等。这些学者针对事件研究中的异常收益模型、假设检验、事件窗、模型的检验力等问题进行了深入的研究、发展和完善。

（2）事件研究方法的应用。文献主要着眼于事件研究方法在会计、金融、经济、政治、法律等领域的应用。应用性文献种类和数量都非常多，尤其是在会计、金融等领域，而在法律领域，事件研究方法也被应用于检验法规效应、评估法律责任的损失等。但针对本书研究的主要目的，这里仅选择性地列出其中一部分，重点关注了与本研究相近的关于政治事件与资本市场等方面的研究。

关于市场效率的检验。事件研究方法可以用于检验市场的有效性。有效市场（EMH，Efficient Market Hypothesis）的概念，最初是由法玛在 1970 年提出并致力于该项研究。法玛于 1991 年在"Efficient Capital Markets：Ⅱ"中对于相关研究进行了综述，并提出了运用事件研究对市场有效性进行分析的过程中的一些问题。作为结论，他指出"关于市场有效性的最清洁的证据（the cleanest evidence）来自事件研究，尤其是采用日回报率的情况下……事件研究能够清晰地给出股票价格针对信息进行调整的速度图像。"布朗和沃尔纳（Brown and Warner，1980）也认为事件研究关注于某一事件的长期数据，因而能够提供关于市场有效性的关键证据。

关于融资决策与股价（或公司价值）的相关性研究。研究者有丹、麦考逊和韦恩（Dann，Mikkelson and Wayne，1984）、史密斯（Smith，1986）、阿斯奎思和马林斯（Asquith and Mullins，1986）、麦考逊和帕奇（Mikkelson and Partch，1986）、汉森和克拉奇利（Hansen and Crutchley，1990）等。以上研究者对于公司采取的各种融资决策，包括发行债券、增发、可转换债券等对于公司股价（或公司价值）的影响进行了研究和解释。

关于会计准则、收益公告等与股价（或公司价值）的相关性研究。

代表性研究者有鲍尔和布朗（Ball and Brown，1968）、比弗（Beaver，1968）、科林和柯达里（Collins and Kothari，1989）、伯纳德和托马斯（Bernard and Thomas，1990）、鲍尔（1990）等人。

关于政治事件对于资本市场影响的研究。比林斯利、拉米和汤普森（Billingsley，Lamy and Thompson，1987）运用事件研究方法，研究了政治事件对国防工业股票和整个股票市场的影响。研究表明：事件对国防工业股票的报酬率显著为正。而整个市场则对这些事件作出了统计显著的负面反应。

达莫尼、罗宾和斯蒂文斯（Diamonte，Robin and Stevens，1996）运用分析家对政治风险的估计，检验了新兴市场和成熟市场上政治风险对股票报酬率的冲击，认为政治风险的变化对新兴市场股票报酬率的冲击要大于成熟的市场。

厄尔布、哈维和维斯坎塔（Erb，Harvey and Viskanta，1996）运用事件研究方法，研究了全球化背景下政治风险、金融风险和经济风险与资本市场的关系。研究结果表明，国家风险的措施与股票未来回报率相关。这些研究支持了这样的观点：价值导向的战略会产生更高的回报率。

里纳、卡拉和里卡多（Reena，Carla and Ricardo，1999）对新兴市场上股票市场的波动进行了研究和分析他们发现，在新兴市场上大部分股票价格的波动是由国内或地区内的政治事件引起的。

中国台湾学者王以娴、李玫郁和林哲扬（Yi‒Hsien Wang，Mei‒Yu Lee and Che‒Yang Lin，2008）研究了普选、政治变化和市场效率的关系，研究结果表明竞选中存在逆向信息（inverse information），此外，研究还表明政治变革与发达国家股票市场存在负的相关关系。

我国自20世纪90年代开始有学者采用事件研究方法进行资本市场的相关研究（陈汉文和陈向民，2002），并且早期的文献较多的集中于资本市场有效性的检验研究。这也符合当时的研究热点以及事件研究方法的应用特点。2002年以后，国内在事件研究方法方面的文献明显多。但国内的文献关于事件研究方法本身的一些方法论探讨较少，更多的则是集中在事件研究方法的应用上。就其应用来看，其研究范围、具体实施都与国外的研究基本相类似。这些研究也分布于金融（张新，2003）、会计（周宏，2004）、法律（蒋尧明，2003）和政策评价（葛锐，2010；张琼，2010）等相关的研究中。近年来，事件研究在相关领域的研究还包括但不限于以下，如：潘佳，刘益和王良（2014），郭朝阳、王世伟和王淡明（2014），舒彤、杨芳、陈收和汪寿阳等（2015），蒋先玲和赵一林（2016），韩浩、宋亚轩和刘璐（2017）数量众多的研究应用。

7.2.2　事件研究方法的基本步骤

（1）确定事件日。即确定所需要研究的事件和信息，需要能够确定市场接受该信息的时间点，即事件日的确定。

（2）定义并估计预期报酬率。先计算假定事件没有发生时，证券的预期报酬率，通常设定估计期，然后采用均值模型、市场模型或其他统计模型进行估计。

（3）计算异常报酬率。以事件发生时的实际报酬率减去预期报酬率，求得异常报酬率。

（4）区分和识别异常报酬率，计算平均异常报酬率和累积平均异常报酬率。

（5）进行统计显著性检验，分析评定结果。

7.2.3　事件研究方法评价药物政策的可行性

首先，事件研究方法本身较为成熟，在财务、会计、金融领域得到长久和广泛的应用，是目前判断事件或信息对资本市场影响的最重要方法之一。近年来在公共政策、政治、法律等领域也有众多较为成熟的应用。

其次，从数据可得性来看，目前我国资本市场虽然仍处在发展过程中，但是近 20 年来不断完善。目前，我国医药类上市企业近 150 家，积累了大量可用的交易数据。与此同时，伴随着近年来全民医改的逐渐铺开，不断有新政策出台或者修订，资本市场的大量交易事实也表明这些政策对于制药企业存在着显著影响。

再次，政策也是公共政策，本身有特殊性。药物政策对医药企业必定会产生影响，这是确定无疑的，但药物政策是否具有经济后果、医药企业的反应如何，以及公共政策执行力度和效度，才是政策制订者最关心的问题。事件研究方法则是目前观察药物政策对资本市场影响的最有效方法。

最后，值得注意的是药物政策除了牵涉经济面的影响外，通常也有政治和社会伦理的复杂性，故运用事件研究方法评价药物政策也应谨慎。

7.3　研　究　设　计

7.3.1　事件日及估计期的确定

事件研究方法是基于市场有效（market efficiency）与理性预期（rational expectation）假设的，即市场的价格会对现有信息产生立即与完全的反应。与事件研究方法有关的研究中，有一项很重要的前提就是市场主要是对没有预期到的事件产生反应，也就是股票价格变动是市场针对未被投资者预期到的事件发生反应。即：最好这个事件是完全没有被投资者预期到的事件。

药物政策是一项特殊的公共政策，它的制订或修订通常是一个漫长讨论的过程，很少不经过学者、专家与民众的参与及讨论而强行制订或修正。在许多公开讨论的过程中，由于消息见诸媒体，在政策改变正式颁布前的一段时间，公众与投资者早就知道政策改变可能的方向与影响范围。除了早期的各种听证、学术研讨之外，进入政策层、立法层以及具体的行政执行，每个阶段都会造成所谓的信息泄露的情形。这会给研究者定义确定哪个时点最适合测量药物政策制订或改变带来的影响增加困难。

研究者认为，通常如果某项政策的制订或修正会反映到股票价格上的话，这个反映也只存在于这个政策第一次被预期到的时点。克服这一问题的方法是：找出数个最可能反应政策制订或改变的时点，利用事件研究方法来测量这几个时点股票价格变化。

本次检验选择基本药物制度（2009）的资本市场反应进行追溯。

选择以下事件定义为事件日：

事件1：2008年9月10日，温家宝总理主持召开国务院常务会议审议并原则通过了《关于深化医药卫生体制改革的意见（征求意见稿）》，并决定公开向社会征求意见。《意见》中提出要"以建立国家基本药物制度为基础，以培育具有国际竞争力的医药产业、提高药品生产流通企业集中度、规范药品生产流通秩序、完善药品价格形成机制、加强政府监管为主要内容，建设规范化、集约化的药品供应保障体系，不断完善执业药师制度，保障人民群众安全用药。"

事件2：2008年10月14日，医改启动，发布征求意见稿。

事件3：2009年4月6日，国家公布的《中共中央国务院关于深化医药卫生体制改革的意见》摒弃了此前改革过度市场化的做法，启动医改步伐。由于该日为清明节、国家法定假日，当天无交易数据，实际取值为4月7日数据。

事件4：2009年8月18日，公布《国家基本药物目录（基层医疗卫生机构配备使用部分)》（2009版）、《关于建立国家基本药物制度的实施意见》《国家基本药物目录管理办法（暂行)》。

事件5：2009年9月21日，2009基本药物制度正式启动。

在估计期的选择上，通常的研究一般为100~300天，主要原因在于过长的事件期可能掺杂较多的事件，导致估计模式不稳定，而过短的事件期可能导致预测能力不足。在此基础上，本研究确定每一个事件的估计期为200个交易日。定义事件日为0日，分别定义事件前后各1天[-1，+1]，事件前后各3天[-3，+3]和事件前后各5天[-5，+5]三个事件期。具体如表7-1所示。

表7-1　　　　　　　　　　事件期及估计期的起止时间

序号	事件日	事件期（窗口期）			估计期
		[-5，+5]	[-3，+3]	[-1，+1]	
事件1	2008-09-10	2008-09-03	2008-09-05	2008-09-09	2007-11-07
		2008-09-18	2008-09-16	2008-09-11	2008-08-27
事件2	2008-10-14	2008-10-07	2008-10-09	2008-10-13	2007-12-03
		2008-10-21	2008-10-17	2008-10-15	2008-09-22

续表

序号	事件日	事件期（窗口期）			估计期
		[-5, +5]	[-3, +3]	[-1, +1]	
事件3	2009 - 04 - 07	2009 - 03 - 30	2009 - 04 - 01	2009 - 04 - 03	2008 - 05 - 28
		2009 - 04 - 14	2009 - 04 - 10	2009 - 04 - 08	2009 - 03 - 23
事件4	2009 - 08 - 18	2009 - 08 - 11	2009 - 08 - 13	2009 - 08 - 17	2008 - 10 - 14
		2009 - 08 - 25	2009 - 08 - 21	2009 - 08 - 19	2009 - 08 - 04
事件5	2009 - 09 - 21	2009 - 09 - 14	2009 - 09 - 16	2009 - 09 - 18	2008 - 11 - 17
		2009 - 09 - 28	2009 - 09 - 24	2009 - 09 - 22	2009 - 09 - 07

7.3.2 受影响的制药企业选择与分类

（1）如何确定哪些制药企业会受到某项药物政策的影响，涉及政策与经济的分析。有些医药企业也许不见得直接和某项药物政策相关，例如，2009 年最新基本药物目录中直接涉及的医药制造业上市公司有 35 家，但是该药物政策的改变有可能影响到它们的上游供给或下游厂商。此外，如果药物政策的制订或改变牵涉到分阶段实施的问题，研究者应注意各阶段被影响到的医药企业，以及这些被影响的企业的异常报酬率可能有多高的相关性。

本研究将第 4 章提到的 84 家制药业上市公司分为两组，其中一组是有产品进入基本药物目录中的，共 35 家（以下称 A 组，实际观察值为 31 ~ 33 家），另一组是没有产品进入基本药物目录中的，共 49 家（以下称 B 组，实际观察值为 39 ~ 42 家），此外，作为对照，本研究在医药制造业上市公司之外的其他上市公司中随机选择了 50 家（以下称 C 组，实际观察值为 47 ~ 50 家），在选择的时候特别注意对在研究期内被 ST、PT、新上市、无交易或交易数据量不能满足要求的上市公司进行了剔除。

（2）由于数据的原因，目前只能衡量公开上市的医药企业。因为事件研究方法测量的是投资者如何利用新信息重新评价医药企业的价值，这个重新评价反应在股价变动或异常报酬率上，故研究对象受限制于股票上市的企业。若药物政策的制订或修正影响最大的为非上市企业，则事件研究方法可能不适用于该政策影响评价。此外，根据国家食品药物监督管理局公布数据，截至 2009 年，我国药物生产企业 4881 家，而截至 2010 年 12 月，在深沪两市 A 股上市的公司中只有不到 150 家，并不能代表全体。虽然由此导致的研究结论会有一定的局限性，但考虑到在我国，上市公司相对于全体而言整体质量较高、在整个行业中举足轻重，并且，这不到 150 家的上市公司在 4881 家制药企业中存在大量控股和子公司的情况，其研究结论仍然具有重要价值。

7.3.3　数据来源

按照前面设定的事件日和估计期，本研究分别选择 35 家进入基本药物目录的制药业上市公司、49 家未进入基本药物目录的制药业上市公司和 50 家非制药业上市公司自 2007 年 9 月 12 日至 2009 年 9 月 28 日期间的个股回报率，同时，在估计回报率系数时，分别各自对应沪深两市 A 股市场回报率数据。数据取自国泰安数据服务中心的 CSMAR 数据库，个股回报率为该数据库中"考虑现金红利再投资的日个股回报率"，日市场回报率为该数据库中"考虑现金红利再投资的综合日市场回报率（等权平均法）"。CSMAR 数据库由深圳市国泰安信息技术有限公司根据国际数据库标准（CRSP 和 COMPUSTAT）开发，是专门针对中国金融、经济领域的研究型精准数据库，在国内外金融、经济等相关领域的研究中应用非常广泛。

7.3.4　研究方法

1. 确定异常报酬率

（1）确定单个观察值的异常报酬率。异常报酬率等于实际报酬率减去正常报酬率，由以下公式表述：

$$AR_{it} = R_{it} - E(\hat{R}_{iE})$$

其中 AR_{it} 为异常报酬率，R_{it} 为实际报酬率，$E(\hat{R}_{iE})$ 为正常报酬率，是根据 CAPM（资本资产定价模型）测算的、如果事件期内当不发生该事件时的期望报酬率，它通常由均值模型、市场模型（CAPM）或市场调整模型给出。然而，基本药物政策公布后，对于制药业上市公司的影响会较为集中，形成所谓"公告聚集"现象。实际报酬率会出现波动聚集（Volatility clustering），导致事件期内异常收益之间可能存在相关关系，因此，本研究采用波勒斯勒夫（Bollerslev，1986）提出的GARCH（1，1）模型，计算窗口期内不发生特定事件时的期望报酬率，由以下模型给出：

$$R_{it} = \alpha_i + \beta_i R_{mt} + \varepsilon_{it} \quad \varepsilon_{it} \mid \varepsilon_{it-1}, \varepsilon_{it-2}, \cdots \sim N(0, \delta_{it}^2)$$
$$\delta_{it}^2 = \omega_i + a_i \varepsilon_{it-1}^2 + b_i \delta_{it-1}^2$$

以上模型由极大似然估计（maximum likelihood）得到 MLE，则窗口期内的期望报酬率为：$E(\hat{R}_{iE}) = \hat{\alpha}_i + \hat{\beta}_i R_{mE}$。估计期通常设定为 100 ~ 300 天，估计期太短，可能使数据的预测能力较弱；估计期过长，则可能会在估计期掺杂太多事件难以甄别，使估计模式不稳定。本书设定事件的估计期包含连续 200 个交易日。

（2）确定每组样本总体在事件日当天的平均异常报酬率 AAR_t：

$$AAR_t = \frac{1}{N} \sum_{i=1}^{N} AR_{it}, \quad N \text{ 为样本观察值的数目。}$$

（3）确定事件期内样本总体的累积平均异常报酬率 $CAAR_t(\tau_1, \tau_2)$：

$$CAAR_t(\tau_1, \tau_2) = \frac{1}{N} \sum_{i=1}^{N} CAR_t(\tau_1, \tau_2) = \sum_{t=\tau_1}^{\tau_2} AAR_t, \quad \tau_1, \tau_2 \text{ 为事件}$$

的起止日。

2. 异常报酬率的统计检验

（1）对平均异常报酬率的统计检验：

零假设：平均异常报酬率显著为零；$H_0: AAR_t = 0$。

备则假设：平均异常报酬率显著不为零；$H_1: AAR_t \neq 0$。

待检验的 t 统计量为：$t = \dfrac{AAR_t}{\sqrt{\dfrac{1}{N(N-1)} \sum\limits_{i=1}^{N} (AR_{it} - AAR_t)^2}}$

（2）对累积平均异常报酬率的统计检验：

零假设：平均异常报酬率显著为零；$H_0: CAAR_t = 0$。

备则假设：平均异常报酬率显著不为零；$H_1: CAAR_t \neq 0$。

待检验的 t 统计量为：$t = \dfrac{ACAR_{\tau_1, \tau_2}}{\sqrt{\dfrac{1}{N(N-1)} \sum\limits_{i=1}^{N} \left(CAR_{i, \tau_1, \tau_2} - \sum\limits_{i=1}^{N} \dfrac{CAR_{i, \tau_1, \tau_2}}{N} \right)^2}}$

7.4　实证结果分析与讨论

7.4.1　检验结果观察与分析

事件研究的检验结果如表7-2~表7-5所示。分析、解释或推论如下：

（1）在事件1中，A、B组的平均异常报酬率（AAR）在事件日（0日）反应都为负，且A组反应并不显著。但两者都从事件日后第一天（+1日）开始表现为正向反应，且具有显著性，显著性反应将持续到事件日后第五天以后，而非制药业上市公司（C组）仅在事件日前第五天（-5日）有一个显著的负向反应。进一步观察三组样本的累积平均异常报酬率（CAAR）发现，在事件期［-1，+1］内，A、B组有正的显著反应，C组无显著反应。事件期［-3，+3］，［-5，+5］内各组的累积平均异常报酬率都无显著反应，但分别在事件期［0，+1］，［0，+3］［0，+5］内计算A、B两组的累积平均收益发现，其结果仍然是正向的显著反应。这表明：事件1在事件日之前甚至事件日当天并没有被资本市场捕捉到，在事件日之后的第一天开始才进入市场，并导致异常收益。就事件本身内容来看，对于普通投资者而言，该事件具有一定的突发性，因为从事件本身来看，仅仅属于"国务院常务会议"（未进入法定程序）、"原则通过"以及"征求意见稿"等几个方面可以得到解释。但该事件当中透露出的信息表明，在资本市场看来，国家深化医药体制改革将对整个制药业产生利好的影响。

（2）在事件2中，A、B组的AAR都在-5日即有正向显著反应，这种情况持续到事件日的+1日（这中间，B组有负向反应但并不显著，这种情况通常可以以反应过度的反向调整解释）。C组则在事件期内无显著反应。进一步观察CAAR可以印证上述发现。与事件1的一个明显不同在于，市场中的异常报酬率出现在事件日之前，联系事件1和事件2发现，事件2本身属于市场早已预期到的事件，这表明在正式发布《征求意见稿》之前，信息已经泄露，资本市场已经捕捉到信息，并有所反应。

（3）在事件 3 中，从 −5 日到 +5 日，A、B 两组都表现出负向反应，但总体显著性不高，在 0 日，A 组首先表现出显著的负向反应，B 组则是在 +1 日表现出显著的负向反应。而 C 组在整个事件期内，事件日当天表现出显著的正向反应，其他时间则负向反应，且并不显著。进一步观察 CAAR 发现，在事件期 [−1，+1] 内，A、B 两组均有显著的负向反应，而 C 组则未表现出显著反应。这表明事件 3 对于 A、B 两组有负的影响，在资本市场看来，中共中央国务院关于深化医药卫生体制改革的意见中摒弃此前改革过度市场化的做法是一个利空消息。

（4）在事件 4 中，从 −5 日到 −3 日，A、B 两组的 AAR 都为负，且不显著，但 −1 日，0 日，3 日，A、B 组都表现出显著为正的反应，C 组同在事件 3 中的表现相似。进一步观察 CAAR 发现，A、B 两组都在 [−1，1] 期内有显著的正向反应，而 C 组未表现出显著反应。在反应方向上，并未出现预期的进入基本药物目录为正向反应、未进入基本药物目录为负向反应，或者相反，而是二者都表现出了正向反应。这表明，基本药物制度的颁布对于整个制药业是一个利好消息。但在反应强度上，A 组反应强度高于 B 组，而且观察 CAAR 表明，在多个事件中，一般均表现为 A 组强于 B 组。进一步分析发现，A 组的上市公司相比于 B 组的上市公司，无论是在资产规模、利润规模、行业排名等方面都具有优势，也就是说，进入基本药物的上市公司大多在产业内处于靠前位置。在这种情况下，由于联动效应的原因，B 组受到 A 组的带动，而表现出方向相同但强度相对低的反应。

（5）在事件 5 中，A 组在 −3，−1，0，+5 日都有正的显著反应，在 +1，+3 有负的反应，但 +1 日的并不显著，这可以通过反应过度的修正加以解释，B 组仅在 −1 日和 0 日有显著的正向反应，其他时间则为负向反应，且并不显著，C 组未表现出显著反应。进一步观察 CAAR 发现在 [−1，+1] 期内，A、B 两组均有正的反应，但在强度上仍然 A 组强于 B 组，结合 AAR，我们认为 B 组的正向反应仍然受到了联动效应的影响，但同时也表明了资本市场中对于未进入基本药物目录的企业存在分歧。

表7-2 进入基本药物目录的制药业上市公司在事件日的
平均异常报酬率（AAR）

序号	观察值个数	事件日	AAR	t 值
事件1	32	-5	0.004903	0.92734
	33	-3	-0.00206	-0.46055
	31	-1	-0.00087	-0.1546
	33	0	-0.00325	-1.40175
	33	1	0.023196	6.425062***
	33	3	0.025258	4.771596***
	32	5	0.012989	2.017754*
事件2	32	-5	0.030984	7.640883***
	32	-3	0.011619	2.824567***
	32	-1	0.003707	0.905673
	32	0	0.002389	0.686148
	31	1	0.022817	5.928755***
	32	3	0.001136	0.338212
	32	5	-0.0027	-0.7545
事件3	33	-5	0.001645	0.412184
	33	-3	-0.00426	-1.66466
	33	-1	-0.00278	-0.51623
	33	0	-0.00539	-2.14687**
	32	1	-0.00379	-0.92053
	32	3	-0.00514	-1.61018
	33	5	-0.00774	-1.93323*
事件4	31	-5	-0.00499	-1.35031
	30	-3	-0.00571	-1.55922
	31	-1	0.000491	0.104905
	30	0	0.010029	3.942592***
	31	1	0.03577	6.277913***
	30	3	0.034119	8.840909***
	30	5	0.008797	1.500917

135

续表

序号	观察值个数	事件日	AAR	t 值
事件5	30	−5	−0.00071	−0.19744
	31	−3	0.018967	2.604172 **
	30	−1	0.023362	4.906287 ***
	31	0	0.026495	5.954806 ***
	31	1	−0.00076	−0.19834
	31	3	−0.01676	−6.47565 ***
	31	5	0.014297	3.079811 ***

注：显著性水平：***0.01，**0.05，*0.1。

表7 −3   未进入基本药物目录的制药业上市公司在
事件日的平均异常报酬率（AAR）

序号	观察值个数	事件日	AAR	t 值
事件1	42	−5	−0.0013	−0.21058
	42	−3	0.005994	1.46217
	42	−1	−0.00559	−1.15724
	42	0	−0.00562	−2.0452 **
	41	1	0.028698	6.10783 ***
	41	3	0.008136	1.66138
	40	5	0.011987	2.293624 **
事件2	41	−5	0.018988	3.782778 ***
	40	−3	−0.00517	−1.38256
	41	−1	0.006187	1.26148
	41	0	0.004794	1.050533
	40	1	0.023932	4.652424 ***
	41	3	−0.00078	−0.17565
	41	5	0.002476	0.645609
事件3	41	−5	−0.00039	−0.13121
	42	−3	−0.00457	−1.24695
	42	−1	−0.0044	−0.91895
	41	0	−0.00359	−0.84153
	42	1	−0.01241	−2.35823 **
	41	3	−0.00486	−1.4938
	42	5	−0.00691	−1.64087

续表

序号	观察值个数	事件日	AAR	t 值
事件 4	40	− 5	− 0.00208	− 0.49924
	41	− 3	− 0.00474	− 1.39448
	41	− 1	0.006355	1.219267
	40	0	0.004882	1.67466
	41	1	0.020823	4.471162 ***
	40	3	0.025279	5.452516 ***
	41	5	− 0.00284	− 0.69888
事件 5	41	− 5	− 0.00123	− 0.46505
	41	− 3	− 0.0016	− 0.45843
	39	− 1	0.021283	4.204894 ***
	41	0	0.017807	4.313352 ***
	41	1	− 0.00144	− 0.40524
	41	3	− 0.00437	− 1.16674
	40	5	0.006558	1.562343

注：显著性水平：***0.01，**0.05，*0.1。

表 7 – 4   非制药业上市公司各个事件日的平均异常报酬率（AAR）

序号	观察值个数	事件日	AAR	t 值
事件 1	49	− 5	0.013933	3.514032 ***
	48	− 3	0.0034	0.867013
	49	− 1	0.00149	0.32075
	49	0	0.004175	1.422111
	49	1	0.003099	1.422303
	48	3	0.001724	0.364544
	48	5	0.001502	0.315507

续表

序号	观察值个数	事件日	AAR	t 值
事件2	49	− 5	− 0.000426	− 0.130059
	49	− 3	0.004976	1.25721
	49	− 1	0.002781	0.708928
	48	0	0.005627	1.305624
	48	1	0.001464	0.348872
	49	3	0.000954	0.18419
	49	5	0.004549	0.985516
事件3	50	− 5	− 0.001187	− 0.355228
	49	− 3	− 0.003246	− 1.595461
	50	− 1	− 0.000467	− 0.116587
	50	0	0.010353	2.197699 **
	48	1	− 0.00207	− 0.417682
	50	3	− 0.003553	− 0.992329
	50	5	− 0.0002	− 0.053312
事件4	49	− 5	− 0.00028	− 0.127353
	50	− 3	− 0.003542	− 1.500305
	48	− 1	− 0.004954	− 1.606143
	50	0	0.006862	2.086931 **
	49	1	− 0.001265	− 0.318438
	50	3	− 0.002954	− 1.044714
	48	5	0.000704	0.139217
事件5	50	− 5	0.0008	0.312847
	49	− 3	0.002075	0.588227
	47	− 1	0.001953	0.563044
	49	0	0.003905	1.011462
	49	1	− 0.002307	− 0.743473
	49	3	0.004528	1.224919
	49	5	0.004131	1.066381

注：显著性水平：***0.01，**0.05，*0.1。

表7-5　　A、B、C三组上市公司在事件期的累积平均异常报酬率对比（CAAR）

序号	事件期	A进入基本药物目录的制药业上市公司			B未进入基本药物目录的制药业上市公司			C非制药业上市公司		
		观察值个数	CAAR	t值	观察值个数	CAAR	t值	观察值个数	CAAR	t值
事件1	0	33	-0.00325	-1.40175	42	-0.00562	-2.0452*	49	0.004175	1.422111
	[-1, +1]	33	0.006599	1.78879*	42	0.005798	1.666913	49	0.005485	1.308435
	[-3, +3]	33	0.004853	0.977805	42	0.004743	1.037105	49	0.004437	1.093026
	[-5, +5]	33	0.005009	0.849721	42	0.004096	0.795141	49	0.004353	0.992271
事件2	0	32	0.003707	0.905673	41	0.004794	1.050533	48	0.005627	1.305624
	[-1, +1]	32	0.009793	2.66163**	41	0.011192	2.27706**	49	0.00304	0.618017
	[-3, +3]	32	0.00894	2.089765**	41	0.00685	1.495179	49	0.003427	0.609203
	[-5, +5]	32	0.006974	1.991039*	41	0.005799	1.224056	49	0.00204	0.345887
事件3	0	33	-0.00539	-2.14687**	41	-0.00359	-0.84153	50	0.010353	2.197699**
	[-1, +1]	33	-0.00405	-1.10303	43	-0.00681	-1.11616	50	0.002483	0.549518
	[-3, +3]	33	-0.00426	-1.02859	43	-0.00417	-0.5395	50	-0.00037	-0.08392
	[-5, +5]	33	-0.005	-1.36364	43	-0.00444	-0.49973	50	-0.00031	-0.06893

续表

序号	事件期	A 进入基本药物目录的制药业上市公司			B 未进入基本药物目录的制药业上市公司			C 非制药业上市公司		
		观察值个数	CAAR	t 值	观察值个数	CAAR	t 值	观察值个数	CAAR	t 值
事件 4	0	30	0.010029	3.942592***	40	0.004882	1.67466*	50	0.006862	2.086931*
	[-1, +1]	31	0.015226	3.140393***	41	0.010814	2.324583**	50	-0.00016	-0.03775
	[-3, +3]	31	0.004583	0.81164	41	0.000992	0.262899	50	-0.00192	-0.58596
	[-5, +5]	31	0.006002	1.05279	41	0.001576	0.317638	50	-0.00112	-0.26496
事件 5	0	31	0.026495	5.954806***	41	0.017807	4.313352***	49	0.003905	1.011462
	[-1, +1]	31	0.016042	3.710113***	41	0.011843	2.839892***	49	0.000746	0.199986
	[-3, +3]	31	-0.00077	-0.16813	42	0.002157	0.671023	50	0.003363	0.541856
	[-5, +5]	31	0.000063	0.014159	42	0.001588	0.508126	50	0.002754	0.558329

注：显著性水平：***0.01，**0.05，*0.1。

7.4.2　进一步的讨论

（1）进入基本药物目录的上市公司（A 组）和未进入基本药物目录的制药业上市公司（B 组）都对于同一事件表现出了近乎一致的反应方向，而非制药业上市公司（以下称 C 组）则在五个事件中都没有明显的显著反应（具体可见表 7 – 5 以及图 7 – 1 ~ 图 7 – 5）。据此我们可以推断，国家药物政策的制订和实施会对资本市场产生影响，存在经济后果。

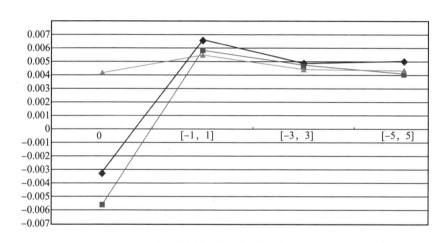

图 7 – 1　事件 1 中 ABC 三组上市公司的 CAAR 折线图

（2）通过事件分析表明，国家药物政策从制订到实施的全过程都会对资本市场产生影响，而不仅仅限于进入立法程序或者正式颁布实施阶段，所以，在这一过程中，通常利益相关者参与越充分，则信息的消化吸收也就越及时，对于市场造成的意外冲击也越小。这种充分参与既包括参与范围的广度，也应包括参与内容的深度。

（3）国外有研究表明，有很多制药企业因为基本药物价格低、利润低、竞争激烈而并不愿意参与基本药物生产，甚至因此遭到反对。例如，国际制药厂商及协会联合会（International Federation of Pharmaceutical Manufacturers and Associations，IFPMA）就曾提出，基本药物政策将

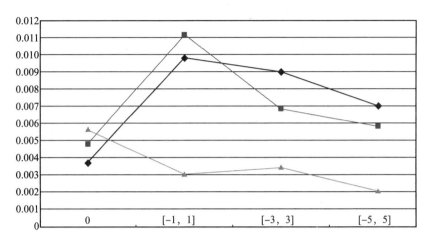

图 7-2　事件 2 中 ABC 三组上市公司的 CAAR 折线图

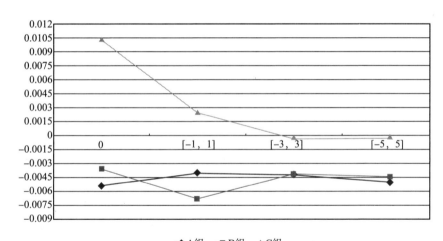

图 7-3　事件 3 中 ABC 三组上市公司的 CAAR 折线图

导致次优的治疗服务，可能降低健康水平，基本药物政策妨碍了卫生服务的有效提供和药品的研发投入，因而反对把基本药物政策引入私立部门和发达国家。但在本研究中，国内制药企业的反应态度是积极的。一个合理的推断是：在国内制药企业看来，由于我国基层市场人口众多，产品一旦进入基本药物目录，意味着在基层市场销量上升，盈利能力会因规模效应提高而使成本率和费用率降低，尤其是排他性独家品种更是具有明显优势。

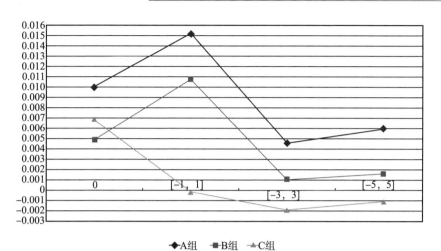

图7-4 事件4中ABC三组上市公司的CAAR折线图

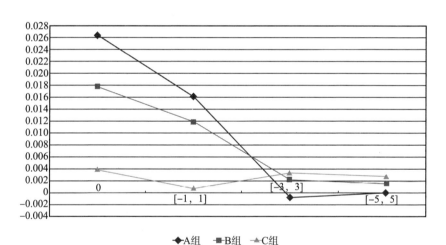

图7-5 事件5中ABC三组上市公司的CAAR折线图

（4）A、B组在反应方向上基本相同，但强度上有所差异，显著性略有不同，这一点已经通过联动效应以及对比分析说明。但同时还要可能存在以下原因：基本药物制度对于制药行业总体来说是利好的，但是进入基本药物目录后也并不一定意味着前景看好。此外，制药企业也担心能否确保基本药物的使用、各项政策的实施能否得到落实，在"以药养医"的体制顽症仍然广泛存在的大前提下，不少医院并不愿意使用太多廉价普药，而更愿意使用获利更多的高价药，并且目录里收录的是通用名，到底最终由谁生产也并不确定。没有进入目录不见得就要被淘汰掉，关键还是取决于产品的差异性，如在价格上、适应症和疗效等各个方面。所以，政策的具体实施及其落实可能比制订更重要。

第8章 研究结论、不足及未来的研究方向

8.1 研究结论

本研究的主要研究结论如下：

（1）市场价值不同于道德或者伦理价值，当我们致力于研究国家药物政策时，应当清醒地意识到，尽管从总体目标来看国家药物政策本身充满了社会认可的公平性以及伦理道德的基本观念，但是，其实际的制订与实施很可能是一次又一次的利益博弈，不同的利益群体所认可的价值存在着根本性的差异，而这些都是我们在研究中应当予以考虑的。作为一种制度安排，国家药物政策的制订及其实施必定涉及经济利益，必定无法绕开经济利益的分配与再分配。制药企业是经济利益最主要的关联方，对于制药企业而言，国家药物政策中的经济目标和可能引致的经济后果是其所唯一关注的，并在国家药物政策从制订到实施的不同层级中寻求最大化其经济利益的可能。

（2）从产业层面来看，相对于市场垄断，一个自由竞争的市场机制可能更有利于药物政策的制订和实施，但是，为了保证公共利益，其苛刻并且是必要的条款往往导致市场法则发挥作用，优胜劣汰，最终将市场集中于为数不多的、但也必然是整体能力强大的制药企业中，由此也使这样一些制药企业成为影响药物政策进一步顺利制订和实施的重要利益集团。对于制药产业资本而言，一个集中度较高的市场将会吸引更多资本进入，制药产业资本希望有一个垄断的结果，以获取更高的收益。从发展一国制药业的角度来看，为了吸引资本进入，发展本国的制

药业，提高医药供给能力和国际竞争力，主要通过非经济手段（如质量安全条款），并且在某些情况下不排除使用经济手段（以优惠的税收政策或财政补贴保护民族产业）鼓励适度的市场垄断，也是有必要的。

（3）从企业层面来看，研发创新能力是企业外部价值内化为企业实力的表现，制药业的研发主体应当是制药企业。政府的主要作用在于，引导产—学—研和政府的多方合作，通过不断完善卫生保健体系和信息传播机制，深化制药领域的市场机制改革，不断完善各种配套制度，创造长期稳定、持续发挥作用、循序渐进和与创新过程相适应的制度环境，在达到公共健康目标的同时，消除或减弱影响企业研发创新的负面因素，让制药企业意识到研发创新对于保持企业核心竞争力、不断提升企业价值具有重要意义，并有动力从事研发创新活动。

（4）从制度层面来看，药物专利保护作为一项重要的知识产权保护内容能够有效地激励科技创新，从其本质来看，专利政策的设计目的并不构成药物可及性的障碍，恰恰相反，在一个合理的专利制度体系下，会不断促进药物研发创新、治愈各种疾病，改善人类生活质量。然而，产业资本在寻求其利益最大化的过程中，以企业为载体，明确界定了专利收益的产权边界，导致了产业资本诉求与公共健康问题无法避免的利益冲突。尤其是对于发展中国家和不发达国家，专利保护对于药物可及性的影响十分明显，两者的冲突只能进一步协调而不可能完全消失。国家药物政策的一个重要作用就是通过协调机制增强专利体制下的药物可及性。

（5）国家药物政策的制订与实施的基本立足点是公平和公正，但其同时会产生经济后果。虽然我们无法确切了解制药企业针对国家药物政策所做出的具体反应行为是什么，但是我们能够通过其在资本市场上的表现进行推断。因此，不论是研究者还是决策者都必须清楚地意识到，国家药物政策制订与实施的过程中必须考虑资本诉求，不能因其与公平性相悖而讳谈。既然资本增值问题始终无法回避，那么与其硬性规制其诉求，不如从产业层面、企业层面和制度层面合理引导，使之能与公平和公正的目标相和谐。在这个问题上，必须彻底摒弃人为分割公共政策和产业政策的做法，建立一种对话机制，着力构建协调社会目标和经济目标的国家药物政策。

8.2 研究不足

（1）在研究分析框架上，本研究借鉴威廉·S. 科曼诺（William S. Comanor）的分析，但这种借鉴分析并不是完备的。例如，科曼诺专门提到了关于药物广告问题的研究，而本研究对此并未提及。事实上，制药业广告竞争由来已久，药物是最早以书面形式做广告的产品（Leffler，1981），制药业也是广告最密集的产业之一（Scherer and Ross，1990），信息不对称是药物市场最重要的经济特征之一，而广告的主要意义在于降低这种信息不对称的影响。此外，在科曼诺的分析中，关于竞争还是垄断、研发以及政府规制的影响这些内容当中涵盖了远多于本研究的很多个方面，这个体系如此庞大，以至于超出了本研究的能力和容量。本研究只是希望能够通过借鉴威廉·S. 科曼诺的分析找到一条可能合理的分析路径，并且，分别选择市场结构、研发创新和专利保护进行产业层面、企业层面和制度层面的分析也主要是因为这三者之间的内在联系能够形成这样一条研究路径。

（2）在具体分析方法上，本研究较多地采用了数理模型推导的方式，这里的优势在于有一个较为清晰的逻辑推理，但模型推导本身的局限性也是同样明显的，比如，需要建立在一系列严格的假设基础之上，但有些假设可能是存在争议的。以制药企业的生产动机为例，其本身经常是多样化的，但在本研究中仍然是选择利润最大化为主要动机。另外，在本研究中对于市场的买方并没有做严格的划分和深入的分析，而仅仅是从生产者的角度进行了探讨，显然，在医药市场中的买方并不同于一般消费买方，所以这可能会影响本研究结论的适用性。

（3）在实证检验中，本研究采用了事件研究方法，首先，这依赖于资本市场的有效性。我国的资本市场发展已经经历了近二十年，目前仍然存在很多问题与不足，例如，存在着披露机制不完善、内部交易的情况。通过文献研究发现，早期的文献研究表明我国的资本市场是弱势有效的，近年来的资本市场是半强势有效的，并且制药业的市场化程度一直是相对较高的，因此，实证结论具有一定意义。其次，前已述及，

147

由于数据的原因，目前只能衡量公开上市的医药企业，虽然观测到药物政策对于上市公司价值的影响，但并不一定能由此推定对于一般制药企业的影响；最后，基本药物制度原则上每三年修订一次，2009 年首次颁布实施后，2012 年做了第一次修订，此后截至 2017 年 12 月，未再做修订。考虑到样本量及其变动的原因，并未对 2012 年的修订影响进行检验。虽然并不影响药物市场对资本市场影响的检验，但是无论如何，在此基础上的结论难免存在一些局限性。

（4）在研究立场上，本研究所处的位置充满了挑战。虽然本研究在一开始就反复强调：第一，国家药物政策是一个基于利益相关者的分析框架；第二，选择制药企业的角度研究国家药物政策是希望能够"预期对手立场的变化，明确战略，使他们参与进来，赢得他们的支持"，但是在第三方看来并不一定如此，因为论证的过程难免在制药企业的行为分析上着墨过多，而导致总是要承担"站到对方立场上去"的风险，忽视了对国家药物政策的研究与分析才是本研究应当关注的主要方面，对此，仍需要在本研究的基础上通过后续的深入研究予以弥补。

（5）对于药物区别于一般商品的特殊性，本书的把握仍然不够。由于事关公众基本的健康权，对于药物质量的问题如何以变量形式进入模型推导，以及是否所有的药物问题都能以市场的方式予以分析或者解决，本研究中尚无法给出明确的结论。

8.3　未来的研究方向

回顾本研究，对比科曼诺（Comanor）和施韦策（Schweitzer）的思路，我们发现与其认为本研究对国家药物政策与制药企业价值的相互关系进行了可能是成功的研究和分析，毋宁说这只是展开了更多这两者之间尚待进一步深入研究的领域。基于现有研究，未来的研究方向希望能在以下领域展开：

前已述及，本研究尚缺乏能力，不足以完备地按照科曼诺（Comanor）和施韦策（Schweitzer）所建立的分析框架进行研究，但在他们描述的有待深入研究的多个方面，比如药物市场营销、药物广告、产品竞争、药物研发绩效评价等制药企业微观行为与国家药物政策之间的关系仍有待深入解析。对于这些问题的研究，也同样有利于从更深层次思考如何构建一个国家药物政策与包括制药企业在内的、众多利益相关者及其群体的对话协商机制，考虑到这些利益相关者利益诉求的多样性和差异性，研究难度是显而易见的。

附录 1 药物细分市场份额
数据 HHI 计算说明

在根据公开资料收集的细分市场份额数据中，通常得到前 N 名的市场份额（$10 \leqslant N \leqslant 20$），前 N 名市场份额加总在 70% 以上，因此，为了较为接近真实的 HHI 值，在计算 HHI 过程中，采取了以下处理方式：

定义前 N 名市场份额为 S_i，（$i = 1, 2, \cdots, N$），市场中所有生产者的份额为 100，则市场从第 $N + 1$ 个生产者开始，每一个生产者的市

场份额均为 $\dfrac{\left(100 - \sum\limits_{i=1}^{N} S_i\right)}{\mathrm{Int}\left(\dfrac{100 - \sum\limits_{i=1}^{N} S_i}{S_N}\right)}$，Int 表示取整，在此基础上再求取 HHI。

附录2 所选上市公司代码及名称

进入基本药物目录的制药业上市公司（A组）35家		未进入基本药物目录的制药业上市公司（B组）49家		非制药业上市公司（C组）	
600062	双鹤药业	002118	紫鑫药业	000016	深康佳A
600079	人福科技	002107	沃华医药	000023	深天地A
600129	太极集团	002038	双鹭药业	000033	新都酒店
600161	天坛生物	000989	九芝堂	000049	德赛电池
600196	复星医药	000963	华东医药	000055	方大集团
600216	浙江医药	000790	华神集团	000065	北方国际
600222	太龙药业	000766	通化金马	000090	深天健
600253	天方药业	000756	新华制药	000400	许继电气
600267	海正药业	000750	桂林集琦	000488	晨鸣纸业
600297	美罗药业	000739	普洛股份	000548	湖南投资
600329	中新药业	000661	长春高新	000559	万向钱潮
600332	广州药业	000623	吉林敖东	000570	苏常柴A
600380	健康元	000607	华立药业	000572	海马股份
600479	千金药业	000606	青海明胶	000581	威孚高科
600488	天药股份	000605	四环药业	000595	西北轴承
600535	天士力	000591	桐君阁	000666	经纬纺机
600572	康恩贝	000590	紫光古汉	000793	华闻传媒
600607	上实医药	000566	海南海药	000828	东莞控股
600664	哈药股份	000545	吉林制药	000886	海南高速
600666	西南药业	000513	丽珠集团	000898	鞍钢股份
600789	鲁抗医药	000423	东阿阿胶	000900	现代投资
600812	华北制药	000153	丰原药业	000910	大亚科技

进入基本药物目录的制药业上市公司（A组）35家		未进入基本药物目录的制药业上市公司（B组）49家		非制药业上市公司（C组）	
600993	马应龙	600976	武汉健民	000916	华北高速
000028	一致药业	600869	三普药业	000959	首钢股份
000522	白云山A	600867	通化东宝	600012	皖通高速
000538	云南白药	600849	上海医药	600068	葛洲坝
000597	东北制药	600842	中西药业	600103	青山纸业
000788	西南合成	600829	三精制药	600106	重庆路桥
000809	中汇医药	600771	东盛科技	600138	中青旅
000919	金陵药业	600750	江中药业	600151	航天机电
000952	广济药业	600713	南京医药	600163	福建南纸
000999	三九医药	600671	天目药业	600166	福田汽车
002004	华邦制药	600594	益佰制药	600170	上海建工
002020	京新药业	600568	潜药制药	600192	长城电工
002099	海翔药业	600557	康缘药业	600202	哈空调
		600521	华海药业	600248	延长化建
		600518	康美药业	600258	首旅股份
		600513	联环药业	600261	阳光照明
		600466	迪康药业	600268	国电南自
		600436	片仔癀	600302	标准股份
		600422	昆明制药	600336	澳柯玛
		600420	现代制药	600337	美克股份
		600385	山东金泰	600368	五洲交通
		600351	亚宝药业	600548	深高速
		600285	羚锐股份	600551	时代出版
		600277	亿利能源	600592	龙溪股份
		600276	恒瑞医药	600605	汇通能源
		600211	西藏药业	600710	常林股份
		600080	金花股份	600761	安徽合力
				600765	中航重机

参 考 文 献

［1］爱德华·弗里曼：《战略管理——利益相关者方法》，王彦华、梁豪译，上海译文出版社 2006 年版。

［2］蔡旺春、肖力军：《中印医药研发外包产业比较分析》，载于《卫生经济研究》2013 年第 12 期。

［3］曹军伟、顾海：《积极实施我国医药产业链的集群化发展战略》，载于《中国药业》2006 年第 3 期。

［4］曹文：《更多灵活性应对公共健康危机——WTO 就公共健康问题修改〈TRIPS 协定〉的决定及〈主席声明〉》，载于《WTO 经济导刊》2007 年第 Z1 期。

［5］曹燕、吴世玉：《医药产业链三大主体的利润分析》，载于《医药导报》2004 年第 11 期。

［6］常峰、阚玉玲：《境外药品价格监测模式及对我国的启示》，载于《中国卫生经济》2015 年第 12 期。

［7］陈汉文、陈向民：《证券价格的事件性反应——方法、背景和基于中国证券市场的应用》，载于《经济研究》2002 年第 1 期。

［8］陈金术、王大明：《国际大型制药企业 R&D 投入分析及对我国制药产业的启示》，载于《高科技与产业化》2005 年第 6 期。

［9］陈晶、钟素艳、林永丹：《我国医药产业发展速度与经济效益的比较研究》，载于《中国药业》2001 年第 5 期。

［10］陈蕊、刘志民：《WTO 与医药产业的发展》，载于《中药研究与信息》2003 年第 6 期。

［11］陈守军、张永祥、高波、赵达生：《美国创新药物研究与开发对我国的启示》，载于《中国医药技术经济与管理》2008 年第 8 期。

［12］陈文晖、刘颂：《我国医药产业定位分析》，载于《社会科学家》2002 年第 5 期。

［13］陈欣、刘勇：《专利药价格过高问题探讨》，载于《价格理论与实践》2006 年第 7 期。

［14］陈衍泰、林泽梁、梁正：《促进本国从研发全球化获益的政策体系及对中国的启示》，载于《科学学与科学技术管理》2010 年第 5 期。

［15］陈艳：《"两票制"医改的税收治理模式探析》，载于《税务研究》2017 年第 8 期。

［16］陈英耀、斯图尔特·O. 施韦策（Stuart O. Schweitzer）：《从国际视角看我国的药品定价、补偿和可及性问题》，载于《中国医院管理》2007 年第 5 期。

［17］陈永法、杜一坤：《基本药物价格指数编制研究》，载于《中国卫生经济》2014 年第 10 期。

［18］陈振生、王进峰：《我国医药产业政策对制药企业创新与发展的影响》，载于《经营与管理》2017 年第 8 期。

［19］戴敏敏：《新政治经济学价值及其适用于中国的原因》，载于《学术月刊》2004 年第 10 期。

［20］戴维·米勒、韦农·波格丹诺：《布莱克维尔政治学百科全书》，邓正来译，中国政法大学出版社 2002 年版。

［21］丹尼尔·豪斯曼、迈克尔·麦克弗森：《经济分析、道德哲学与公共政策》，纪如曼、高红艳译，上海译文出版社 2008 年版。

［22］丹尼斯·W. 卡尔顿、杰弗里·M. 佩洛夫：《现代产业组织》，胡汉辉、顾成彦、沈华译，中国人民大学出版社 2009 年版。

［23］丁锦希、白庚亮、王颖玮、郭璇：《美国首仿药数据保护制度及其对我国药品可及性的启示》，载于《中国药学杂志》2012 年第 24 期。

［24］丁锦希、耿露、孙晓东、顾海：《创新药物研发激励政策的量化分析》，载于《科技进步与对策》2011 年第 19 期。

［25］丁锦希、龚婷、李伟：《我国药品集中招标采购制度控费效应的实证分析》，载于《中国卫生经济》2015 年第 10 期。

［26］多纳德·海，德理克·莫瑞斯：《产业经济学与组织》，钟鸿钧，王勇等译，北京：经济科学出版社 2001 年版。

［27］方欣、田梦媛、张欲晓、殷潇、胡江蔺、崔丹：《药品不同

准入价格对医保基金及个人可负担性的影响——以部分抗肿瘤靶向药物为例》，载于《中国卫生政策研究》2016 年第 11 期。

［28］方中秀、汪海粟：《知识产权制度对中国制药产业技术进步的影响——基于贸易视角的实证研究》，载于《当代财经》2016 年第 11 期。

［29］冯洁涵：《全球公共健康危机、知识产权国际保护与 WTO 多哈宣言》，载于《法学评论》2003 年第 2 期。

［30］冯立果、王毅刚：《创新困境与市场结构——我国制药工业缺乏创新的产业经济学解释》，载于《当代经济管理》2009 年第 3 期。

［31］高丛珊、史宇鹏：《药品集中招标采购政策的实施效果——基于中标企业数量与中标价格的实证分析》，载于《中国卫生政策研究》2015 年第 12 期。

［32］高萍：《我国药品产业政府规制研究》，西北大学博士学位论文，2009 年。

［33］高艳：《日本药品价格管理制度及其启示》，载于《宏观经济管理》2015 年第 10 期。

［34］葛锐：《制药企业价值诉求与国家药物政策研究》，山东大学博士学位论文，2011 年。

［35］葛锐、尹爱田：《基于制药业视角的药物政策研究：一个利益相关者的分析框架》，载于《中国卫生经济》2010 年第 10 期。

［36］葛锐、尹爱田：《经济分析、资本诉求与国家药物政策研究：一个理论框架》，载于《中国卫生经济》2012 年第 5 期。

［37］葛锐、尹爱田：《专利保护和公共健康：国家药物政策中的冲突与协调》，载于《中国卫生经济》2013 年第 5 期。

［38］葛锐、于静之、杨彬彬、尹爱田：《药物政策评价：事件研究方法应用探讨》，载于《中国卫生经济》2010 年第 11 期。

［39］龚赢博：《颁发与公共健康有关的专利强制许可的建议》，载于《中南财经政法大学研究生学报》2007 年第 2 期。

［40］巩伟：《为仿制药品正名》，载于《中南民族大学学报（人文社会科学版）》2004 年第 4 期。

［41］顾海：《我国医药企业 R&D 能力与企业可持续发展关系研究》，载于《现代管理科》2008 年第 5 期。

［42］顾海、董艳平、卫陈、朱航宇：《中国医药产业的发展思路探析》，载于《中国药业》2004年第5期。

［43］顾海、卫陈：《中国医药产业集中度实证研究》，载于《南京社会科学》2006年第11期。

［44］郭冬梅：《国际竞争环境下的中药产业技术创新问题分析》，载于《中药研究与信息》2004年第1期。

［45］郭克莎：《加入WTO对我国医药工业的影响及对策》，载于《中国工业经济》2002年第3期。

［46］国家发展和改革委员会产业经济与技术经济研究所课题组：《国内外医药产业发展及未来趋势》，载于《经济研究参考》2003年第33期。

［47］韩浩、宋亚轩、刘璐：《险资举牌对被举牌公司股价波动的影响研究——基于事件研究法的实证分析》，载于《保险研究》2017年第8期。

［48］胡亚敏、李建强、苗连琦：《企业社会责任如何作用于企业价值——基于消费者认知角度的考量》，载于《宏观经济研究》2016年第12期。

［49］胡元佳、卞鹰、邵蓉、王一涛：《中国医药制造业的产业组织分析》，载于《软科学》2004年第6期。

［50］黄志勇、陈晓红：《我国药品产业政府管制分析与对策研究》，载于《现代管理科学》2009年第9期。

［51］嵇汝运：《试谈由仿制药物转向创制药物》，载于《药学进展》1988年第3期。

［52］蒋维平、彭桂花、黄文龙：《医药产业技术创新战略联盟利益相关者及其作用辨析——基于技术创新链的视角科技》，载于《管理研究》2016年第36期。

［53］蒋先玲、赵一林：《独立董事离职公告的财富效应——来自A股上市公司的经验证据》，载于《现代管理科学》2016年第9期。

［54］蒋尧明：《会计信息虚假陈述重大事件研究述评》，载于《当代财经》2003年第8期。

［55］黎东生、胡洁怡：《基于价格差异模型的原研药和仿制药价格差异实证分析》，载于《中国卫生经济》2015年第1期。

［56］李丹、马爱霞：《新上市专利药的定价方法》，载于《中国医药技术经济与管理》2008 年第 12 期。

［57］李建青：《我国制药企业竞争力战略研究》，沈阳药科大学博士学位论文，2007 年。

［58］李双元、李欢：《公共健康危机所引起的药品可及性问题研究》，载于《中国法学》2004 年第 6 期。

［59］李天柱、马佳、侯锡林、冯薇：《科学商业的范式分析及其创新轨道——以生物制药为例》，载于《科学与科学技术管理》2014 年第 11 期。

［60］李薇贞：《运用战略性贸易政策促进我国医药产业的发展》，载于《中国药业》2006 年第 3 期。

［61］李野、杨悦、王君珺：《对我国医药行业市场结构的分析与研究》，载于《沈阳药科大学学报》2002 年第 1 期。

［62］梁锐、龙勇、刘力昌：《我国医药行业产业组织特征及产业政策效果评价研究》，载于《当代经济科学》2007 年第 3 期。

［63］刘国庆、江旺祥、王滨、吕伟奇、雍永权：《现阶段医疗机构药品销售价格形成机制探讨》，载于《中国卫生经济》2013 年第 10 期。

［64］刘继同、郭岩：《我们到底需要什么样的卫生政策》，载于《中国卫生经济》2007 年第 6 期。

［65］刘军强、刘凯、曾益：《医疗费用持续增长机制——基于历史数据和田野资料的分析》，载于《中国社会科学》2015 年第 8 期。

［66］刘明、刘国恩：《药物经济学在我国药品定价中应用的定位分析》，载于《中国药物经济学》2012 年第 6 期。

［67］刘莹、梁毅：《论药品可及性与药品专利保护》，载于《中国药房》2007 年第 13 期。

［68］陆伟、吴晓明：《跨国医药企业现代公司治理比较研究》，载于《中国卫生事业管理》2017 年第 12 期。

［69］路阳：《仿制药产业的光明前景（一）》，载于《中华医学信息导报》2004 年第 11 期。

［70］马勇、郭磊：《"药价虚高"现象的经济学分析》，载于《价格理论与实践》2000 年第 10 期。

［71］孟庆跃：《公共政策、公共财政和公共卫生："非典"防治策

略对公共卫生体系改革与发展的启示》，载于《中国卫生经济》2003 年第 7 期。

[72] 那美然、周海峰、朱萍：《国家基本药物制度的现状及存在的问题和对策》，载于《中国卫生经济》2008 年第 11 期。

[73] 潘广成：《关于医药产业的发展战略》，载于《中国工业经济》1997 年第 11 期。

[74] 潘佳、刘益、王良：《企业产品伤害危机响应策略对股票市场的影响》，载于《管理学报》2014 年第 11 期。

[75] 曲如晓、焦志文：《论贸易与健康的相互影响及协调路径》，载于《经济与管理研究》2005 年第 12 期。

[76] 邵蓉、谢金平、耿晓雅：《六省市非基本药物招标及药品质量评审的对比研究》，载于《中国卫生经济》2014 年第 9 期。

[77] 申成霖、张新鑫、侯文华：《制药产业创新激励政策研究的述评与展望》，载于《中国卫生政策研究》2017 年第 10 期。

[78] 沈凯、李从东：《基于供应链的中国制药企业研发能力的研究》，载于《电子科技大学学报（社科版）》2008 年第 5 期。

[79] 盛垒：《外资研发是否促进了我国自主创新？一个基于中国行业面板数据的研究》，载于《科学研究》2010 年第 10 期。

[80] 舒彤、杨芳、陈收、汪寿阳、黎建强、甘露：《供应链中断对汽车企业股票价格的影响》，载于《管理评论》2015 年第 10 期。

[81] 苏建英、赵艳丽：《我国新药研发现状及前景浅析》，载于《世界最新医学信息文摘》2002 年第 5 期。

[82] 孙国君：《我国医药产业市场集中度浅析》，载于《中国药房》2004 年第 10 期。

[83] 孙晶、张居营：《技术资本与创新型企业价值——联动视角的微观检验》，载于《科学管理研究》2016 年第 5 期。

[84] 汤勇力、李剑敏、李从东、王洪、曾路、王正：《面向制造企业价值链升级的产业关键技术识别研究》，载于《科学学研究》2016 年第 12 期。

[85] 王亮、李爱花、岳晓萌、吴久鸿：《日本药品价格制度研究及对我国药品价格管理的启示》，载于《中国卫生经济》2017 年第 10 期。

[86] 王铁锋：《沪深股市异常波动停牌作用需重新审视》，载于

《经济研究参考》2005 年第 39 期。

[87] 王巍:《中国进入 WTO 后仿制药物的发展趋势》,载于《上海医药》2002 年第 1 期。

[88] 王雅欣、卓小勤、毕经纬:《从社会价值角度看药品专利保护与公共健康利益的冲突》,载于《中国卫生法制》2008 年第 2 期。

[89] 王燕梅、于永春:《国际纵向分工下的产业升级和竞争优势构建——以中国化学原料药制造业为例》,载于《经济学家》2009 年第 3 期。

[90] 王增鑫、尹畅、张然、葛锐、任彦、尹爱田:《基于市场结构分析的国家药物政策研究》,载于《中国卫生经济》2015 年第 1 期。

[91] 王子军、赵益华:《IMF 救援方案宏观绩效的实证研究》,载于《南开经济研究》2005 年第 5 期。

[92] 魏际刚:《中国医药体制改革与发展》,商务印书馆 2009 年版。

[93] 吴晓波、韦影、杜健:《我国制药企业技术创新的战略网络研究》,载于《研究与发展管理》2004 年第 6 期。

[94] 吴胤歆、李跃平、郑振佺、瞿书铭:《海峡两岸医保药品管理制度的评析与借鉴》,载于《中国卫生经济》2017 年第 10 期。

[95] 吴照云、肖宏:《我国医药产业结构调整对策探析》,载于《经济前沿》2003 年第 1 期。

[96] 伍青:《我国股票市场受国内重大事件影响的实证分析》,载于《财经理论与实践》2007 年第 3 期。

[97] 武志刚、吉树杰、王兵峰、李彩红:《我国生物制药业现状及发展制约因素分析》,载于《中国药物经济学》2012 年第 4 期。

[98] 项安波、陈小洪、张政军:《我国制药产业创新现状、原因与出路》,载于《经济纵横》2009 年第 5 期。

[99] 谢光亚、向筠:《我国制药业国际化成长战略研究》,载于《国际商务(对外经济贸易大学学报)》2008 年第 3 期。

[100] 徐国雄:《新政下,品牌仿制药大有可为》,载于《中国药店》2009 年第 1 期。

[101] 徐静:《公司治理质量影响盈余稳健性研究》,载于《统计与决策》2014 年第 5 期。

[102] 徐静:《企业价值与研发创新:以制药业为例》,载于《潍

坊学院学报》2012 年第 2 期。

[103] 徐君、张继稳、邵蓉：《TRIPS 协定对药品专利及公共健康影响的经济行为分析》，载于《中国药房》2008 年第 31 期。

[104] 徐揆、易娜：《医疗服务价格虚高原因探析：利益相关者视角》，载于《中国自然医学杂志》2007 年第 4 期。

[105] 徐伟、马丽、高楠：《医保药品目录动态调整机制研究》，载于《卫生经济研究》2017 年第 11 期。

[106] 许军、夏聪、杨枭楠：《基于药品价值的定价、调价机制探索》，载于《中国卫生经济》2017 年第 7 期。

[107] 严若森、叶云龙、江诗松：《企业行为理论视角下的家族企业异质性、R&D 投入与企业价值》，载于《管理学报》2016 年第 10 期。

[108] 颜琰：《基于双重差分模型的国内药品价格改革政策效应评估》，载于《中国卫生经济》2017 年第 11 期。

[109] 杨建昆、雷家骕：《基于科学的行业的国家间追赶模式研究——以制药业为例》，载于《科学学研究》2016 年第 10 期。

[110] 杨剑：《药品专利强制许可制度与我国应对公共健康危机的政策导向》，载于《中国卫生法制》2009 年第 4 期。

[111] 杨绍文：《公共政策执行力度和效度的分析》，载于《中国卫生经济》2004 年第 11 期。

[112] 杨易成、杜纲、刘国恩：《基于竞争合作分析的我国制药企业研发国际化策略研究》，载于《科技进步与对策》2009 年第 14 期。

[113] 杨中伟：《TRIPS 下药品专利权与公共健康权的冲突与协调》，载于《中国卫生事业管理》2007 年第 4 期。

[114] 姚维保：《公益与私利的博弈——专利药品平行进口与专利权人利益平衡机制探讨》，载于《科技与法律》2003 年第 4 期。

[115] 尹智中：《国药业并购风生水起》，载于《东方早报》2005 年 6 月 2 日。

[116] 袁杰：《药品价格虚高背后的怪圈》，载于《价格月刊》2001 年第 5 期。

[117] 袁显平、柯大钢：《事件研究方法及其在金融经济研究中的应用》，载于《统计研究》2006 年第 10 期。

[118] 袁雪丹、傅鸿鹏：《国外药品价格谈判机制对中国的启示》，

载于《卫生经济研究》2015 年第 11 期。

［119］翟林瑜：《信息、投资者行为与资本市场效率》，载于《经济研究》2004 年第 3 期。

［120］张露、胡豪：《复杂产品系统视角下的医药研发：新药研发的技术复杂性分析与项目分解》，载于《科技进步与对策》2012 年第 15 期。

［121］张平川、宋彬、刘峰：《加入 WTO 后我国医药产业的发展对策》，载于《中国卫生事业管理》2003 年第 10 期。

［122］张世贤：《阈值效应：技术创新的低产业化分析——以中国医药技术产业化为例》，载于《中国工业经济》2005 年第 4 期。

［123］张晓雯：《大力提高医药产业创新能力加速其现代化进程》，载于《中国卫生事业管理》2004 年第 8 期。

［124］张新：《并购重组是否创造价值？——中国证券市场的理论与实证研究》，载于《经济研究》2003 年第 6 期。

［125］张新鑫、侯文华、申成霖：《价格管制、战略性创新激励与创新药市场绩效》，载于《科研管理》2017 年第 10 期。

［126］张新鑫、侯文华、申成霖、何强：《集中采购参与意愿、制药企业议价能力与药品市场绩效》，载于《中国管理科学》2017 年第 7 期。

［127］张学平：《外资并购绩效的实证研究》，载于《管理世界》2008 年第 1 期。

［128］张妍、魏江：《战略导向、研发伙伴多样性与创新绩效》，载于《科学学研究》2016 年第 3 期。

［129］张永桃、范春辉：《经济政治学：政治—经济关系研究的新视角》，载于《江苏社会科学》2003 年第 7 期。

［130］赵曦：《原研药与仿制药的较量》，载于《中国发明与专利》2009 年第 10 期。

［131］赵志刚、朱乐婷、王莉文：《全国 11 省市 42 家医院临床应用药品供应短缺现状调研分析》，载于《中国医院药学杂志》2008 年第 1 期。

［132］肇晖、邵蓉：《专利药降价的路径选择》，载于《中国医药技术经济与管理》2008 年第 1 期。

［133］郑永锋：《医药企业所面临的困惑及知识产权战略》，载于

《中国发明与专利》2006 年第 9 期。

［134］中国药学会"基本药物制度研究"课题组：《基本药物制度：理论和框架》，载于《中国药物经济学》2008 年第 6 期。

［135］中华人民共和国国务院公报：《涉及公共健康问题的专利实施强制许可办法》，2006 年。

［136］钟初雷、寿清和：《药品零差价四年后物价政策补偿到位情况实证分析》，载于《中国卫生经济》2017 年第 9 期。

［137］周华、曲洋、赵轩：《TRIPS-plus 条款下平行进口与价格补贴政策协调的模拟仿真分析》，载于《管理评论》2016 年第 11 期。

［138］周寄中、饶涓：《中国医药高技术产业及其市场资源配置的态势分析》，载于《南开管理评论》2001 年第 1 期。

［139］朱宝凤：《我国创新药研发现状与对策》，载于《高科技与产业化》2005 年第 7 期。

［140］祝红梅：《资产重组中的内幕交易和股价操纵行为研究》，载于《南开经济研究》2003 年第 5 期。

［141］Abbott, Thomas A, Price regulation in the pharmaceutical industry: Prescription or placebo? . *Journal of Health Economics*, Vol. 14, Iss 5, Dec. 1995, pp. 551 – 565.

［142］Abraham John. Science, *Politics And The Pharmaceutical Industry: Controversy And Bias In Drug Regulation.* Published by Routledge, 1st edition (July 1, 1995).

［143］Alan Earl – Slater. Can we afford to lose the pharmaceutical industry in the EU? . *European Business Review*, Vol. 96, Iss. 4, 1996, pp. 18 – 25.

［144］Antonio Cabralesy, Sergi Jimenez – Martin. *The Determinants of Pricing in Pharmaceuticals: Are U. S. prices really higher than those of Canada?* . Working Paper April 2007.

［145］Arrow, K. J. *Economic Welfare and the Allocation on Resources for Invention. in Nelson*, R. R. (*ED*), *The Rate and Direction of Inventive Activity*, NBER, Princeton, 1962.

［146］Ashley, J. W. Stock prices and changes in earnings and dividends: Some empirical results. *Journal of Political Economy*, 1962 (70), pp. 82 – 85.

[147] Asquith Paul, David W Mullins, Equity issues and offering dilution. *Journal of Financial Economics*, Vol. 15, Mar. – Apr. 1986, pp. 61 – 89.

[148] Atanu Saha, Henry Grabowski, Howard Birnbaum, Paul Greenberg and Oded Bizan. Generic Competition in the US Pharmaceutical Industry. *International Journal of the Economics of Business*, Vol. 13, Iss. 1, 2006, pp. 15 – 38.

[149] Attaran A. How Do Patents And Economic Policies Affect Access To Essential Medicines In Developing Countries?. *Health Affair*, Vol. 23, 2004, pp. 155 – 166.

[150] A. J. Culyer, J. P. Newhouse, Anthony J. Culyer. , *Handbook Of Health Economics*. North Holland. 2000, pp. 109 – 112.

[151] Baker, C. A. Effective stock splits. *Harvard Business Review*, 1956 (34), pp. 101 – 106.

[152] Ball R. J and P. Brown. An Empirica Evaluation of Accounting Income Numbers. *Journal of Accounting Research*, Autumn 1968 (6), pp. 159 – 179.

[153] Ball, Ray. What Do We Know About Market Efficiency?. Working paper, University of Rochester, 1990.

[154] Beaver, W. The information content of annual earnings announcements. *Journal of Accounting Research Supplement*, Vol. 6, 1968, pp. 67 – 92.

[155] Bernard, Victor L. Cross – Sectional Dependence and Problems in Inference in Market Based Accounting Research. *Journal of Accounting Research*, Vol. 25, Spring 1987, pp. 1 – 48.

[156] Bernard, V. , and J. Thomas. Evidence That Stock Prices Do Not Fully Reflect the Implications of Current Earnings for Future Earnings. *Journal of Accounting and Economics*, Vol. 22, 1990, pp. 305 – 340.

[157] Billingsley, Randall S. , Robert E. Lamy, and Rodney G. Thompson. The Reaction of Defense Industry Stocks to World Events. *Akron Business and Economic Review*, Vol. 18, Iss. 2, Summer 1987, pp. 40 –

47.

[158] Binder, John J. Measuring the Effects of Regulation with Stock Price Data. *Rand Journal of Economics*, Vol. 16, Summer 1985, pp. 167 – 183.

[159] Blume, Marshall E. On the Assessment of Risk. *Journal of Finance*, Vol. 26, March 1971, pp. 1 – 10.

[160] Bozeman, B. and A. N. Link. *Investments in Technology: Corporate Strategies and Public Policy Alternatives*. New York: Praeger, 1983.

[161] Brown, Stephen J. and Warner, Jerold B. Measuring Security Price Performance. *Journal of Financial Economics*, Vol. 8, Sep. 1980, pp. 205 – 258.

[162] Brown, S. , and J. Warner. Using daily stock returns: The case of event studies. *Journal of Financial Economics*, Vol. 14, 1985, pp. 3 – 31.

[163] Campbell, J. , A. Lo and A. C. MacKinlay. *The Econometrics of Financial Markets*. Princeton University Press, 1997.

[164] Caves, R. E. *Imported Technology and Industrial Progress*. in R. E. Caves and Masu Uekusa, Industrial Organization in Japan, The Brooking Institution, Washington, D. C. 1976, pp. 124 – 140.

[165] Chandra, Ramesh and Bala V. Balachandran. More Powerful Portfolio Approaches to Regressing Abnormal Returns on Firm – Specific Variables for Cross – Sectional Studies. *Journal of Finance*, Vol. 47, Dec. 1992, pp. 2055 – 2070.

[166] Collins, Daniel W. and Dent, Warren T. A Comparison of Alternative Testing Methodologies Used in Capital Market Research. *Journal of Accounting Research*, Spring 1984, pp. 48 – 84.

[167] Collins, D. , Kothari, S. An Analysis of the Cross-sectional and Intertemporal Determinants of Earnings Response Coefficients. *Journal of Accounting and Economics*, 1989, pp. 143 – 181.

[168] Congressional Record – Senate (U. S), Aug. 10, 1984, pp. 23764.

[169] Cowan, Arnold R. *Tests for Cumulative Abnormal Returns over*

Long Periods: *Simulation Evidence*. Working Paper, Iowa State University, 1991.

[170] Dann, L. and W. Mikkelson, 1984, Convertible debt issuance, capital structure change and financing-related information: Some new evidence. *Journal of Financial Economics* 13, pp. 157 – 186.

[171] Danzon, P. M. and L. W. Chao, Cross-national price diferences for pharmaceuticals: how large, and why? . *Journal of Health Economics*, 19, 2000, pp. 159 – 195.

[172] David Banks. Pharmacists, pharmaceutical manufacturers, and conflicts of interest. *Am J Health Syst Pharm*. Vol. 62, Iss. 17, Sep. 1, 2005, pp. 1827 – 1832.

[173] David Schwartzman. *Innovation in the Pharmaceutical Industry*. Johns Hopkins University Press, 1976.

[174] Diamonte, Robin L. , John M. Liew, and Ross L. Sterens. Political Risk in Emerging and Developed Maket. *Financial Analysts Journal*, Vol. 52, Iss. 3, May/June 1996, pp. 71 – 76.

[175] Dolley. J. C. Characteristics and Procedure of Common Stock Split – Ups. *Harvard Business Review*, 1933, pp. 316 – 326.

[176] Dong – Churl Suh, Willard G. Manning, Jr. , Stephen Schondelmeyer, Ronald S. Hadsall. Effect of Multiple – Source Entry on Price Competition After Patent Expiration in the Pharmaceutical Industry. *Health Services Research*, Vol. 35, Iss. 2, Jun. 2000, pp. 529 – 547.

[177] Dorfman, Robert, and Steiner, Peter O. Optimal advertising and optimal quality. *American Economic Review*, May 1954, Vol. 44, pp. 826 – 836.

[178] Drews, J. Research in the Pharmaceutical Industry. *European Journal of Management*, 1989, Vol. 7, Iss. 1, pp. 23 – 30.

[179] Ellison, Sara F. and Wallace P. Mullin. Economics and Politics: The Case of Sugar Tariff Reform, *Journal of Law and Economics*. Vol. 38, Iss. 2, 1995, pp. 335 – 366.

[180] Erb, C. B. , Harvey, C. and Viskanta, T. Political Risk, Economic Risk and Financial Risk. *Financial Analysts Journal*, 1996, 52, pp.

28 – 46.

[181] Eugene F. Fama. Efficient Capital Markets: II. *The Journal of Finance*, Vol. 46, No. 5, Dec. 1991, pp. 1575 – 1617.

[182] E. Richard Gold, Tina Piper, Jean – Frédéric Morin, L. Karen Durell, Julia Carbone and Elisa Henry. *Preliminary Legal Review of Proposed Medicines Patent Pool*. Prepared by TIP for UNITAID Available: . http: // www. theinnovationpartnership. org/data/documents/00000003 – 1. pdf. Feb, 2011.

[183] Fama, Eugene F. Foundations of Finance. New York: Basic Books, 1976.

[184] Fama, Eugene F. Market efficiency, long-term returns, and behavioral finance. *Journal of Financial Economics*, 1998 (49), pp. 283 – 306.

[185] Fama, E. L. Fisher, M. Jensen, and R. Roll. The adjustment of stock prices to new information. *International Economic Review*, 1969 (10), pp. 1 – 21.

[186] Fellner, W. The Influence of Market Structure on Technological Progress. *Quarterly Journal of Economics*, Vol. 65, Iss. 4, Nov. 1951, pp: 556 – 577.

[187] Financial Wire, Editorial, Aastrom *Receives FDA Orphan Drug Desig-nation for Enlarged Heart Disease Treatment*, Feb. 2007, pp. 1.

[188] F. M. Scherer. Pricing, Profits, and Technological Progress in the Pharmaceutical Industry. *The Journal of Economic Perspectives*. Vol. 7, No. 3, Summer 1993, pp. 97 – 115.

[189] Gonedes, Nicholas. Evidence on the Information Content of Accounting Numbers: Accounting – Based and Market – Based Estimates of Systematic Risk. *Journal of Financial and Quantitative Analysis*. Vol. 8, Jun. 1973, pp. 407 – 444.

[190] Govindaraj R, Chellaraj G, Murray CJL. Health expenditures in Latin America and the Caribbean. *Social Science and Medicine*, 1997, 44: 157 – 170.

[191] Grabowski H, Vernon J. Longer patents for increased generic

competit-ion in the US. The Waxman – Hatch Act after one decade. *Phar-macoeconomics.* 1996, 10 Suppl 2, pp. 110 – 23.

［192］ Graves, S. B. , and Langowitz, N. S. Innovative output and firm size in the pharmaceutical industry. *International Journal of Production Economics*, Vol. 27, Iss. 1, 1992, pp. 83 – 90.

［193］ Hamberg, D. Size of Firm, Oligopoly, and Research: The Evidenc. *Canadian Journal of Economics and Political Science*, Vol. 30, 1964, pp. 62 – 75.

［194］ Hansen, R. and C. Crutchley, Corporate Earnings and Financings: An Empirical Analysis. *Journal of Business*, 1990, 63, pp. 347 – 71.

［195］ Henderson, Rebecca and Cockburn, Ian. Scale, Scope and Spillover: The Determinants of Research Productivity in Drug Discovery. *Rand Journal of Economics*, Vol. 27, Iss. 1, 1996, pp: 35.

［196］ Henry Grabowski, John Vernon. A new look at the returns and risks to pharmaceutical R&D. *Management Science*, Vol. 36, No. 7. Jul. 1990, pp. 804 – 821.

［197］ Henry G. Grabowski and John M. Vernon. Brand Loyalty, Entry, and Price Competition in Pharmaceuticals after the 1984 Drug Act. *Journal of Law and Economics*, Vol. 35, No. 2, Oct. 1992, pp. 331 – 350.

［198］ Hernry Grabowski, John Vernon. Returns to R&D on New Drug Innovations in the 1980s. *Journal of Health Economics.* Vol. 13, Iss. 4, 1994, pp. 383 – 406.

［199］ Hope J. BioBazaar. *The Open Source Revoluation and Biotechnology.* Cambridge: Harvard University Press; 2008.

［200］ Horowitz, I. Firm Size and Research Activity. *Southern Economic Journal*, Vol. 28, Jan. 1962, pp. 298 – 301.

［201］ Hotelling, Harold H. Stability in competition. *Economic Journal*, Vol. 39, 1929, pp. 41 – 57.

［202］ Hurwitz, Mark A. and Caves, Richard E. Persuasion or Information? Promotion and the Shares of Brand Name and Generic Pharmaceuticals. *Journal of Law & Economics*, Vol. 31, 1988, Iss. 2, pp. 299 – 320.

［203］ International Federation of Pharmaceutical Manufacturers Association. Iss paper: *the "Essential Drugs" concept.* 1997. 2.

［204］Jaffe, Jeffrey F. Special Information and Insider Trading. *Journal of Business*, Vol. 47, Jul. 1974, pp. 410 – 428.

［205］James J. McRae, Francis Tapon. Some empirical evidence on post-patent barriers to entry in the canadian pharmaceutical industry. *Journal of Health Economics.* Vol. 4, Iss. 1, Mar. 1985, pp. 43 – 61.

［206］Jill Wechsler. Politics, Prices, and Research. Pharmaceutical Executive, Oct. 2000.

［207］John Binder. The Event Study Methodology Since 1969. *Review of Quantitative Finance and Accounting*, Vol. 11, Number 21998 (9), pp. 111 – 137.

［208］Joseph A DiMasia, Ronald W Hansenb, Henry G Grabowski and Louis Lasagnad. Cost of innovation in the pharmaceutical industry. Journal of Health Economics, Vol. 10, Iss. 2, July 1991, pp. 107 – 142.

［209］Karafiath, Imre and Spencer, David E. Statistical Inference in Multi – Period Event Studies: An Assessment. *Review of Quantitative Finance and Accounting*, Vol. 1, Dec. 1991, pp. 353 – 371.

［210］Kiley, T. Spoiled by success? . *Technology Review*, April, 1994, pp. 17 – 18.

［211］Leffler, Keith B. Persuasion or Information? The Economics of Prescription Drug Advertising. *Journal of Law & Economics.* Vol. 24, Iss. 1, pp. 45 – 74.

［212］Lexchin J. The effect of generic competition on the price of brand-name drugs. *Health Policy.* 2004 Apr, Vol. 68, No. 1, pp. 47 – 54.

［213］Mackinlay A. C. Event studies in economics and finance. *Journal of Economic Literature*, 1997 (24), pp: 13 – 39.

［214］Mais, Eric L. , Moore, William T. and Rogers, Ronald C. A Reexamination of Shareholder Wealth Effects of Calls of Convertible Preferred Stock. *Journal of Finance*, Vol. 44, Dec. 1989, pp. 1401 – 1410.

［215］Mandelker, Gershon. Risk and Return: The Case of Merging Firms. *Journal of Financial Economics*, Vol. 1, Dec. 1974, pp. 303 – 335.

［216］Mansfield, Edwin. How Rapidly Dose New Industrial Technology

Leak out? . *Journal of Industrial Economics*, Vol. 34, Iss. 2, 1985, pp. 217 –213.

[217] Mansfield, Edwin. Schwartz, Mark. Wagner, Samuel. Imaitation, Costs and Patents: An Empirical Study. *The Economic Journal*, Dec. 1981, Vol. 91, Iss. 364, pp. 907 –918.

[218] Marcia Angell. *The truth about the drug companies: How they deceive us and what to do about it.* New York: Random House, 2004, pp. 15.

[219] Mats Ekelund and Bjom Persson. Pharmaceutical Pricing in a Regulated Market. *Review of Economics and Statistics*, Vol. 85, No. 2, May 2003, pp. 298 –306.

[220] McClatchy Tribune Business News, *Editorial. The drug barometer.* October 23, 2008, pp. 1.

[221] Michael F. Drummond, Bernard J. O'Brien, Greg L. Stoddart, George W. Torrance. *Methods for the Economic Evaluation of Health Care Programs.* Second edition Oxford University Press, 1997.

[222] Michele Boldrin, David K. Levine. *Against Intellectual Monopoly*, Chaper9, Cambridge University Press, 2008, pp. 212 –242.

[223] Mikkelson, W. H., Partch, M. M., Valuation effects of security offerings and the issuance process. *Journal of Financial Economics*, 15, 1986, pp. 31 –60.

[224] Mikkleson, Wayne H. and Partch, Megan. Withdrawn Security Offe-rings. *Journal of Financial and Quantitative Analysis*, Vol. 23, June. 1988, pp. 119 –134.

[225] Moran M, Ropars A – L, Guzman J, Diaz J, Garrison C (2005) *The New Landscape of Neglected Diseases Drug Development.* London, UK: Pharmaceutical R&D Policy Project, London School of Economics. Available: http://www. bvgh. org/documents/MMoranTheNewLandscape. pdf. Sep. 2009.

[226] Mukhopadhyay, A. K. Technological Progress and Change in Concent-ration in the U. S. *Southern Economic Journal*, Vol. 52, 1985, pp. 141 –149.

[227] Munos BH, Chin WC. *A Call for Sharing: Adapting Pharma-*

ceutical Research to New Realities. Sci Transl Med. 2009；1：9cm8. doi：10.
1126/scitranslmed. 3000155.

［228］ Myers J. H. and A. J. Bakay. Influence of Stock Split – Ups on
Market Price. *Harvard Business Review*, 1948（26）, pp. 251 –255.

［229］ Nordhaus, William D. *Invetion, Growth, and Welfare：A Theo-
retical Treament of Tecnological Change.* Cambridge, MA. The MIT Press,
1963.

［230］ Odagiri, Hiroyuki and Murakami, Naoki. Private and quasi-so-
cial rates of return on pharmaceutical R&D in Japan. *Research Policy*, Aug
1992. Vol. 21, Iss. 4, pp. 335 –345.

［231］ Rebecca Henderson, Iain Cockburn. *Firm Size and Research
Productivity in Drug Discovery.* Published in French translation as "Taille de la
firme et productivité de la recherche" chapter in S. Jacobzone, ed. La santé：
trajectoiresd'avenir, INSEE, Paris, 1997.

［232］ Reena Aggarwal, Carla Inclan, andRicardo P. C. Leal. Volatility
in Emerging Stock Markets. *Journal of Financial and Quantitative Analysis*,
Vol. 34, No. 1, 1999, pp. 33 –55.

［233］ Rexford E. Santerre, Stephen P. Neun. *Health Economics：Theo-
ries, Insights, and Industry Studies.* 3rd Edition, South – Western College
Pub, Mar. 14, 2003.

［234］ Richard E. Caves, Michael D. Whinston, Mark A. Hurwitz,
Ariel Pakes and Peter Temin. Patent Expiration, Entry, and Competition in
the U. S. Pharmaceutical Industry*Brookings Papers on Economic Activity Micro-
economics*, Vol. 1991, pp. 1 –66.

［235］ Salinger, Michael. Standard Errors in Event Studies. *Journal of
Financial and Quantitative Analysis*, Vol. 27, Mar. 1992, pp. 39 –53.

［236］ Santomero, Anthony. Money Supply Announcements：A Retro-
spective. *Journal of Economics and Business*, Vol. 43, February 1991, pp.
1 –23.

［237］ Scherer, F. M. and Ross, David. *Industrial Market Structure and
Economic Performance.* University of Illinois at Urbana – Champaign Academy
for Entrepreneurial Leadership Historical Research Reference in Entrepreneur-

ship. Available at SSRN: http: //ssrn. com/abstract = 1496716.

[238] Scherer, F. M. The link between gross profitability and pharmaceutical R&D spending. *Health Affairs*, Vol. 20, Iss. 5, Sep. /Oct. 2001, pp. 216 – 220.

[239] Scherer, F. M. The link between gross profitability and pharmaceutical R&D spending. *Health Affairs*. Vol. 20, Iss. 5, Sep. /Oct. 2001, pp. 216 – 220.

[240] Scholes, Myron S. The Market for Securities: Substitution Versus Price Pressure and the Effects of Information Share Prices. *Journal of Business*, Vol. 45, Apr. 1972, pp. 179 – 211.

[241] Schumpeter, Joseph A. 1943: *Capitalism, Socialism and Democracy*, Lon-don: Allen & Unwin; New York: Harper & Row, Colophon Edition, 1975, pp. 84.

[242] Schweitzer, Stuart O. *Pharmaceutical Economics and Policy*. New York: Oxford University Press, 1996.

[243] Schwert, G. William. Using Financial Data to Measure Effects of Regulation. *Journal of Law and Economics*, 1981, Vol. 24 (1), pp. 121 – 158.

[244] Schwert, G. William. Using Financial Data to Measure Effects of Regulation. *Journal of Law and Economics*, 24, April 1981, pp. 121 – 158.

[245] Sherman Folland, Allen C. Goodman, Miron Stano. *The Economics of Health Care*. 3rd Edition. Prentice – Hall, Inc. 2001.

[246] Smith, Rodney T. , Bradley, Michael and Jarrell, Greg. Studying Firm – Specific Effects of Regulation with Stock Market Data: An Application to Oil Price Regulation. *Rand Journal of Economics*, Vol. 17, Winter 1986, pp. 467 – 489.

[247] Statman, Meir. *Competition in the pharmaceutical industry: The declining profitability of drug innovation*. Washington: American Enterprise Institute for Public Policy Research, 1983.

[248] Sweeney, Richard J. Levels of Significance in Event Studies. *Review of Quantitative Finance and Accounting*, Vol. 1, Dec. 1991, pp. 373 – 382.

［249］ S. P Khotari and Jerold B. Warner. *Econometrics of Event Studies*. Handbook of Corporate Finance: Empirical Corporate Finance, Vol A (Handbooks in Finance Series, Elsevier/North – Holland), Ch. 1, 2006.

［250］ Tanouye, Elyse. Heartbutn Drug Makers Feel Judge's Heat. *The Wall Street Journal*, Oct. 1995, p. B8.

［251］ Taylor, C. T, and Silberston, A. *The economic impact of the patent system: A study of the British experience*. University Press (Cambridge Eng), 1973.

［252］ Tracy L. Regan. Generic Entry, Price Competition, and Market Segmentation in the Prescription Drug Market. *International Journal of Industrial Organization*, Vol. 26, 2008, pp. 930 – 948.

［253］ Vagelos, P. R. Are prescription drug prices high?. *Science*, Vol. 252, Iss. 5009, May 1991, pp. 1080 – 1084.

［254］ Welsch, Jonathan. American Home Used a Blitz for Orudis. *The Wall Street Journal*, Dec. 1995, p. B3.

［255］ WHO. *How to Develop and implement a national drug policy*. 2nd edition, 2001.

［256］ WHO. WHO *MedicinesStrategy*: 2000 – 2003 *Framework for Action in Essential Drugs and Medicin*es Policy. Geneva: Wolrd Health Organization. WHO/EDM/2000.

［257］ Wiggins, Steven N. , and Robert Maness. *Price Competition in Pharmace-utical Markets: The Case of Antiinfectives*. Working Paper, Texas A&M University, 1998.

［258］ Wiggins, Steven N. , and Robert Maness. Price Competition in Pharmaceutical Markets: The Case of Antiinfectives. *Economic Inquiry*, Vol. 42, No. 2, Appril 2004, pp. 247 – 263.

［259］ William S. Comanor. The Political Economy of the Pharmarceutical Industry. *Journal of Economic Literature*, Vol. 26, Sep. 1986, pp. 1178 – 1217.

［260］ Williamson, O. E. Innovation and Market Structure. *Journal of Political Economy*, Vol. 73, 1965, pp. 67 – 73.

［261］ Worldwide Biotech, Editorial. *Is cost containment impacting pharmaceutical innovation?* Oct. 1, 2008, 20, pp. 1.

[262] Yi – Hsien Wang, Mei – Yu Lee, Che – Yang Lin. General Election, Political Change and Market Efficiency: Long-and Short – Term Perspective in Developed Stock Marke. *Journal of Money, Investment and Banking*, 2008, Iss. 3, pp. 58 – 67.

[263] Zoltan J. Acs David B. Audretsch. Innovation in large and small firms: an empirical analysis. *American economic review.* Vol. 78, Iss. 4, Sep. 1988, pp. 678 – 690.

[264] Z. John Lu, William S. Comanor. Strategic Pricing Of New Phar-maceuti-cals. *The Review of Economics and Statistics.* Vol. 80, Iss. 1, Feb. 1998, pp. 108 – 118.